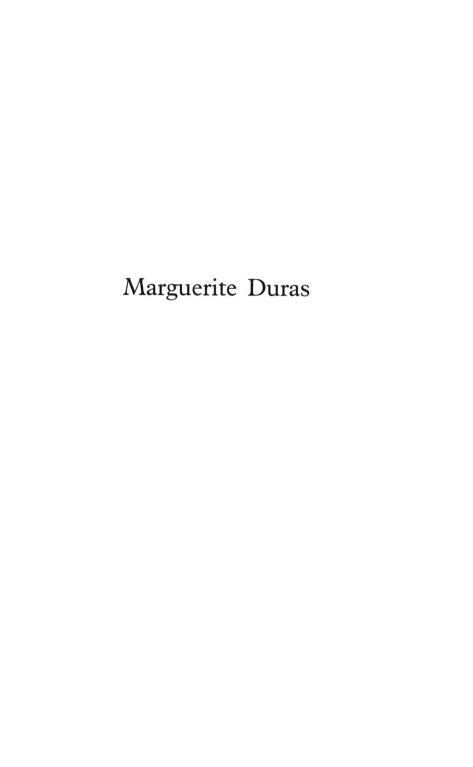

Marguerite Duras

ALIETTE ARMEL

Marguerite Duras

Les trois lieux de l'écrit

Photographies
de
ALAIN GUILLON

Mise en page
de
JEAN-JACK MARTIN

CHRISTIAN PIROT

ÉDITEUR

A L I E T T E   A R M E L

Historienne de formation, Aliette Armel a travaillé pendant dix ans (1985-1996) comme médiateur culturel. Elle a contribué à la mise en œuvre de projets variés concernant l'art, la littérature, le théâtre et le cinéma du XXe siècle. Elle est actuellement chargée d'une mission sur les nouvelles technologies et le réseau Internet. Critique au Magazine Littéraire, *elle rédige également des articles pour* La NRF *et l'*Encyclopedia Universalis. *Elle est l'auteur de la première biographie de Michel Leiris (Fayard, 1997). En 1990, elle a abordé l'œuvre de Marguerite Duras sous l'angle de l'autobiographie (*Marguerite Duras et l'autobiographie, *Castor Astral, 1990). Elle multiplie les perspectives d'approche concernant cet auteur. En 1997, elle a réalisé avec Alain Guillon un documentaire intitulé "Duras et l'absence de Dieu".*

13, rue Maurice-Adrien
37540 St-Cyr-sur-Loire
Dépôt légal : 1er trimestre 1998
ISBN 2-86808-117-7
ISSN 1151-5945

En hommage à Dionys Mascolo

Le dernier jour
de la rue Saint-Benoît

1

LE TEMPS S'OBSTINAIT dans la grisaille et la pluie. Une humidité grasse rendait l'asphalte luisant. Dans les kiosques, les quotidiens portaient la date du 24 juin 1997, mais l'été ne parvenait pas à percer sous le printemps frileux. La tristesse plombait le ciel comme en ces jours de novembre où le calendrier invite à célébrer le souvenir des morts.

À une portée de cloches de l'église Saint-Germain-des-Prés, les cafés de la rue Saint-Benoît persistaient à installer, malgré l'incertitude météorologique, tables et chaises au dehors. À cette heure relativement matinale, la confusion régnait sur les trottoirs : les camions bloquaient la circulation, les sièges des restaurants, entassés pour le nettoyage, étaient autant d'obstacles pour le chariot sur lequel nous transportions notre matériel d'éclairage photographique. Les containers à ordure en plastique vert entravaient l'accès à la porte du numéro 5, cet immeuble ancien en pierre de taille blanche où Marguerite Duras s'était installée en 1942. À de nombreuses reprises, elle avait protesté contre l'évolution de ce quartier à l'atmosphère de village, aux édifices bourgeois de cinq ou six étages abritant — sous des toits en zinc pentus — des chambres de bonnes peuplées d'étudiants. Ce centre du Paris intellectuel de l'après-guerre était peu à peu devenu la proie de l'industrie touristique et hôtelière, et s'était retrouvé envahi par des restaurants transformant les trottoirs en terrasse et la chaussée en plate-forme de livraison.

Notre attention était requise par le cheminement chaotique de notre chariot sur lequel les appareils, en équilibre instable, tanguaient : après le passage de la lourde porte cochère, il fallait manœuvrer ferme pour pénétrer avec ce chargement dans la cage minuscule de l'ascenseur. Les mains occupées et l'esprit tendu vers la résolution urgente de problèmes pratiques, nous contenions l'émotion, nous dominions l'accélération du souffle à l'approche de ce 3ème étage occupé par Marguerite Duras jusqu'à ce jour de mars 1996 où elle était décédée, là, dans cet appartement même dont la porte s'ouvrait maintenant devant nous et sur lequel nous allions poser un dernier regard en tentant d'en garder une trace photographique, d'en inscrire le souvenir à travers quelques notes prises sur un carnet.

En ces premiers jours de l'été 1997, l'appartement de la rue Saint-Benoît allait cesser d'exister en tant que lieu de mémoire. L'été est la saison des déménagements, des bouleversements, des changements. Départs choisis, longuement mûris, mutations soudaines, réadaptations lentes, mises en chantier exaltantes, joie et angoisse des commencements ou au contraire destructions sans remèdes, acceptation forcée de la fin d'un monde. Un an après sa mort, l'environnement de Marguerite Duras allait être définitivement bouleversé. Sa vie durant, la fille de Marie Legrand-Donnadieu avait été poursuivie par l'injustice dont sa mère avait été la victime en Indochine. Les fonctionnaires coloniaux lui avaient vendu une concession envahie chaque année par les eaux du Pacifique et sa fille attribuait cette iniquité aux aberrations du pouvoir et des lois régissant la possession des lieux. Marguerite Duras avait acquis — au fur et à mesure de ses droits d'auteurs — des appartements et des chambres de bonnes dans le quartier de Saint-Germain-des-Prés, mais elle n'était jamais parvenue à acheter son propre logement, rue Saint-Benoît. De conflits en augmentations de loyers, les propriétaires ont obtenu de récupérer l'appartement. Tous les meubles, livres, photographies, bobines de films, papiers de Marguerite Duras allaient être transportés, le 1ᵉʳ juillet 1997, dans un autre appartement dont elle était propriétaire, rue de Rennes, mais où elle n'avait jamais vécu. Avec nos appareils photographiques et notre carnet de notes, nous avons fait partie des témoins du dernier jour.

La menace de ce « jamais plus » pesait sur le lieu, mais l'appartement n'était pas encore atteint par le cataclysme du déménagement. Ce n'était pas un paysage en ruines. Tout y demeurait figé dans l'état où Marguerite Duras l'avait laissé. La porte franchie, nous avons posé les sacs de matériel dans l'entrée, doucement, comme pour ne pas troubler ce qui, ici, demeurait en suspens. Les objets semblaient alourdis par ce sacré funèbre, ce tabou informulé auquel est soumis ce qui a appartenu à un mort : le moindre déplacement prend alors des allures de sacrilège. Si elle est respectueuse, cette transgression s'avère salutaire : elle remet les objets dans le mouvement de la vie, accélère la période de deuil, indispensable à l'accomplissement du devoir de mémoire et à l'éclosion de l'écriture telle que Marguerite Duras la pratiquait.

Elle construisait son travail à partir de ce qu'elle appelait « l'ombre interne », du noir, du tragique et de la mort en elle des événements de sa propre existence, elle parlait de la nécessité de l'oubli pour mieux retrouver ensuite les circonstances, les sensations, l'amour disparu et « en écrire ». « On est hanté par son vécu, disait-elle. Il faut le laisser faire ». La rue Saint-Benoît était incontestablement hantée par cette « masse ancienne du vécu », dans le « désordre originel » de son accumulation au fil des ans. Mais les événements forçaient ce lieu à échapper au statut de musée, modifiant la nature des commentaires, des souvenirs définitivement transformés par le pouvoir créateur de la mémoire. Balayée par l'éphémère, cette réalité ne peut, désormais, se décrire au présent.

Dans la cuisine, première pièce dans l'entrée après le cabinet de toilette, une casserole d'eau chauffait sur la gazinière pour le café. Nous avons franchi la porte du salon, largement ouverte au visiteur. Sur un appareil ancien tournait une interprétation inconnue des sonates pour piano de Scarlatti, nous rappelant que Marguerite Duras écoutait peu de musique et n'attachait qu'une importance relative à la qualité de la reproduction

et aux choix des exécutions. Elle était bouleversée par l'ineffable émanant directement d'une œuvre de Bach et de Beethoven sans se soucier de ses intermédiaires, les interprètes, ni des progrès dans la technologie du son. Des deux larges fenêtres donnant sur la rue parvenait une lumière pâle et grise, d'hiver. La pièce était à peine éclairée par une ou deux petites lampes. Les couleurs pastel des petits coussins recouvrant le canapé adoucissaient encore l'atmosphère baignée par ce clair-obscur qu'affectionnait Marguerite Duras.

Elle demeurait à Paris de l'automne à la fin du printemps. L'été venu, elle désertait la rue Saint-Benoît pour d'autres demeures ou pour des endroits de plein soleil. Longtemps elle avait passé l'été en Espagne, en Italie ou à Ramatuelle. Elle prêtait alors son appartement parisien à l'un ou l'autre de ses amis : ainsi ce lieu restait-il actif, lieu de travail, lieu ouvert, dans une tradition qui a perduré jusqu'au dernier jour. Parmi les livres, papiers, manuscrits, annuaires, brochures, bobines radiophoniques et photographiques entassés sur certains meubles, certaines tables, dans toutes les pièces de l'appartement, figuraient des documents, des outils de travail posés de manière récente : ce lieu n'a jamais vécu au conditionnel passé. Malgré les tentures flétries, la peinture laquée s'accrochant aux parois comme une seconde peau, crevassée par endroits, tannée par la suie noire de Paris, malgré le jaunissement des photographies, maintenues au mur par des morceaux de papier adhésif durci, l'appartement de la rue Saint-Benoît résistait à la nostalgie s'emparant des maisons ancrées dans l'histoire.

C'est en avril 1942 que Marguerite Duras s'était installée dans cet appartement avec son mari, Robert Antelme. Rien, ou presque, n'avait changé depuis lors. La pièce réservée à la toilette portait encore la marque d'un temps où posséder une salle de bains aménagée, équipée, décorée, restait l'apanage de certains logements de l'ouest parisien et supposait des moyens financiers importants. Dans le Paris de la guerre et les années de grandes pénuries immobilières qui avaient suivi, pouvoir se laver chez soi — et non sur le palier — était déjà signe d'un grand confort. Marguerite Duras n'avait jamais pris, par la suite, les moyens d'une amélioration, redoutant les soucis, les bouleversements des travaux et le temps gâché, qu'elle estimait doublement perdu puisque l'appartement, loué, ne lui appartenait pas en propre.

Rue Saint-Benoît, la salle de bains restait réduite au strict nécessaire d'une petite baignoire vieillie. Les casseroles en aluminium étaient bosselées, rayées, dépareillées. Que lui importait si l'ancien était devenu vétuste ! Marguerite Duras s'entichait parfois d'un ustensile ménager sortant de l'ordinaire, comme d'une casserole en verre transparent qu'elle achetait dans l'enthousiasme et qui finissait par disparaître, mystérieusement. Ce qui restait, demeurait, c'était les objets les plus élémentaires, ceux qui permettaient de confectionner des plats simples, remontant aux origines de Marguerite Duras, tels que sa mère aurait pu les préparer, dans cette cuisine parisienne austère, comme suspendue hors du temps : des pommes de terre, des œufs, des carottes, des fruits, plus rarement un steak, des soupes, des lentilles, des haricots blancs ou, parfois, du chou farci. Elle était très attentive à la qualité des produits, avec cette peur ancrée en elle, héritée, là aussi, des temps difficiles près de sa mère : se faire « gruger » par les commerçants, les possédants. Dans la cuisine vieillie, le formica de la petite table se décollait un peu : lorsqu'elle était seule ou dans une compagnie familière, c'est là qu'elle mangeait, sans souci du décor, ni de l'étroitesse du plateau sur lequel elle posait les assiettes et les couverts.

Pourtant, il fut un temps où avec des moyens encore plus réduits, elle tenait presque table ouverte, forçant par ses talents culinaires l'admiration de convives en nombre toujours important, mais dont le chiffre exact restait, jusqu'à l'instant où le repas se terminait, incertain : cela supposait de sa part bien des dons et de grands talents d'adaptation et d'organisation, surtout dans la période difficile de l'après-guerre, où le riz que sa mère lui envoyait d'Indochine était très précieux pour nourrir ses convives.

Robert et Marguerite Antelme s'étaient installés rue Saint-Benoît pour s'écarter de l'environnement familial et entretenir une vie amicale riche et libre, dans la droite ligne de cette existence d'étudiants « qui leur avait permis de découvrir leur accord »[1]. L'ouverture vers autrui, le besoin de contacts et de réflexions communes avec des compagnons choisis mais ne constituant pas un groupe fermé, la recherche d'un enrichissement mutuel faisaient partie des principes de vie de Robert Antelme : l'appartement assez vaste de la rue Saint-Benoît allait permettre de les mettre en œuvre.

Les premiers mois suivant leur installation avaient été très perturbés. Marguerite Donnadieu-Antelme venait de finir son premier roman *la Famille Taneran*, dont Raymond Queneau lui avait dit beaucoup de bien, mais que Gallimard avait refusé. En portant ensuite le manuscrit chez Plon, à Dominique Arban, Robert Antelme lui aurait dit : « Je vous préviens... si vous ne lui dites pas qu'elle est un écrivain, elle se tuera ». L'engagement de la jeune femme en direction de l'écriture était déjà total et sans condition le soutien que lui apportait son époux : « j'étais son enfant », dira-t-elle bien plus tard.

Et elle restera son enfant car, ensemble, ils n'auront pas de descendance. En mai 1942, le bébé qui devait naître rue Saint-Benoît était mort à la naissance. La jeune mère avait été profondément marquée par « cette coïncidence entre sa venue et sa mort. Rien. Il ne [lui] restait rien. Ce vide »[2] avait été pour elle une épreuve terrible, vécue comme une tragédie. Ce deuil avait été immédiatement suivi d'un autre. À l'automne 1942, la mémoire de l'enfance indochinoise avait fait brutalement irruption rue Saint-Benoît. Elle avait appris que Paulo, le plus jeune de ses frères, resté en Indochine, y était mort de maladie. L'intensité de la douleur de Marguerite Duras, se manifestant dans des alternances de cris et de silence, et — là encore — par un très fort désir de mourir, avait bouleversé son entourage, et particulièrement Dionys Mascolo qui avait fait sa connaissance au cours de l'été. Elle avait alors manqué d'être engloutie dans la faille ouverte par cette mort dans les abîmes de « l'ombre interne ». Tout se mêlait entre le désir d'enfantement, le souvenir de ce frère plus âgé qu'elle persistait à appeler « l'enfant », l'extrême souci de Robert Antelme à son égard, l'attention nouvelle que lui portait Dionys Mascolo. Comment étaient alors distribuées les chambres de la rue Saint-Benoît ? Autour des pièces communes — le salon aux fenêtres donnant vers la rue et la salle à manger s'ouvrant en face sur la cour intérieure — se répartissaient trois espaces plus intimes : les deux petites chambres — celle dont la porte s'ouvrait sur la salle à manger, celle à laquelle on accédait par le salon — et la grande chambre qui communiquait directement avec l'entrée, permettant des allées et venues plus libres. Robert et Marguerite Antelme occupaient-ils deux chambres séparées ? S'était-elle réservée la plus vaste ? Les invités d'un soir dormaient-ils déjà dans un lit de secours, installé le long de la fenêtre de la salle à manger ?

Le quotidien s'était très vite inscrit, rue Saint-Benoît, dans un idéal de vie commune, peu ordinaire à l'époque. Rencontrant Marguerite Duras, Dionys Mascolo s'était également lié d'amitié très profonde avec Robert Antelme. Ils étaient ainsi entrés en « féminie », terme du vieux français ressuscité par Dionys Mascolo pour caractériser le rôle inédit joué par Marguerite Duras qui avait scellé l'entente entre les deux hommes. Elle avait été la médiatrice, celle dont l'intercession résolument féminine avait ouvert des perspectives neuves, celle qui avait fait ainsi œuvre créatrice dans la vie autant que dans l'écrit. La rue Saint-Benoît s'était trouvée placée sous le signe de « l'absolu de l'amour-amitié », de l'exigence d'une autre forme de relation entre les êtres humains. Mais sans doute, ces deux hommes étaient-ils portés à aller l'un vers l'autre, dans leur différence lisible au premier coup d'œil : le visage de Dionys Mascolo frappait par la beauté de ses traits coupés au couteau, entourés de cheveux un peu longs et bouclés. Il aimait jouer de ce physique, de cette séduction qu'accentuait le pétillement de ses yeux clairs. L'élan de ses convictions s'exprimait souvent avec passion, dans la force définitive de l'anathème. À côté de lui, Robert Antelme semblait carré, sûr, les pieds fermement posés sur le sol. Il allait vers l'autre avec force et douceur, il était celui « qui a le plus agi sur les gens qu'il a vus »[3] tout en maintenant des points de vue rigoureux.

Lorsqu'ils s'étaient rencontrés ils venaient de subir l'épreuve de l'évidence de l'absence de Dieu : « il lui arriva de me dire, racontait Dionys Mascolo en parlant de Marguerite Duras, dans l'intention peut-être de dire le pourquoi des soins dont elle l'entourait : " il a raté la foi. Il en est encore grelottant " — qui était une clef en effet — tout de même qu'elle avait pu lui dire que moi de mon côté je venais de m'adoucir, m'étant lassé d'attendre, en toute imbécillité, la communication du Très-Haut qui m'eût confirmé que je n'étais pas un homme... »[4]. C'est ensemble qu'ils avaient entrepris de reconstruire les bases d'une vie possible en dehors de toute transcendance, dans « le refus de l'état des choses », avec comme références fondamentales Nietzsche ou Saint-Just, dans cette complicité à trois — une femme et deux hommes — noyau fondamental du groupe qui sera bientôt connu comme celui « de la rue Saint-Benoît ».

La porte de l'appartement était largement ouverte à ceux qui attachaient au mot fraternité une valeur essentielle et qui avaient le souci d'une réflexion sur le monde, les ayant conduit, à partir de 1943, vers la Résistance : dès sa première visite, François Mitterrand qui cherchait alors — sous le nom de François Morland — des abris provisoires n'avait pu envisager d'y loger : « c'était plein ! »[5]. Engagés ensemble dans la Résistance, les amis de la rue Saint-Benoît en payèrent conjointement le prix. Robert Antelme et sa sœur Marie-Louise furent arrêtés et déportés en 1944. Marguerite Duras attendit plusieurs mois le retour de son mari, dans une angoisse et une fébrilité décrite dans *la Douleur*. Il avait été sauvé par le hasard après l'ouverture des camps. Alors qu'il était perdu dans l'anonymat de la foule des déportés trop faibles pour survivre au retour, son regard avait croisé celui de François Mitterrand qui venait à Dachau en tant que commissaire aux prisonniers. Rapatrié à l'extrême limite de ses forces Robert Antelme mettra plus d'un an à les recouvrer.

Dans l'œuvre de Marguerite Duras, dans ses livres comme dans ses entretiens, la rue Saint-Benoît est restée liée à cette période de la guerre : la mort de son enfant et du petit frère, la Résistance, la prise de conscience du martyre juif, la complexité des relations avec certains voisins, l'attente et le retour de Robert Antelme, les mois troubles de l'épuration. À la lire, on pourrait croire que l'aventure vécue dans cet appartement s'était arrêtée en 1946, alors qu'au contraire « c'est là, a-t-elle déclaré, que tout ce qu'il y avait de décisif dans notre jeunesse, dans nos sentiments, dans notre croyance, dans notre folie est arrivé. On n'a pas écrit là-dessus, on n'écrit pas sur le bonheur. Malgré la peur, on était dans le bonheur »[6].

Ce bonheur par lequel les habitants de la rue Saint-Benoît avaient été saisis à la Libération, était né d'une effervescence, d'un militantisme politique vécu dans l'enthousiasme. Dès 1944, Marguerite Duras avait rejoint le Parti communiste, auquel Edgar Morin appartenait déjà. Dionys Mascolo et Robert Antelme l'avaient suivie au printemps 1946. Ils s'y engageaient avec une ferveur différente : Marguerite Duras allait aux réunions de cellule, distribuait des tracts et vendait *l'Humanité* au marché, le dimanche matin. Elle était une véritable militante. Dionys Mascolo et Robert Antelme gardaient, eux, une certaine distance, dans un souci permanent de préserver leur pouvoir de contestation. Un véritable bouillonnement intellectuel animait ce qui devenait un groupe de réflexion, s'interrogeant sur les formes d'un mouvement révolutionnaire authentique. Jusqu'aux petites heures du matin, les débats se poursuivaient, passionnés, « avec discussions interminables, violentes et fraternelles, échanges d'idées sur les grands problèmes et sur tous les petits riens, rencontres fabuleuses avec des êtres mythiques devenant présences amies comme Camus, Queneau ou Merleau-Ponty »[7]. Mais la volonté de n'être absent d'aucun des plaisirs de la vie se manifestait aussi sous des formes différentes : c'était du jazz qui passait sur l'électrophone — alors à la pointe du progrès — du salon de la rue Saint-Benoît. Dionys Mascolo amassait une véritable collection de microsillons de jazz, et aussi d'airs de biguines qui entraînaient les danseurs sur le même rythme qu'au bal de la rue Blomet. Les bouteilles de vin rouge circulaient, comme dans les caves de Saint-Germain-des-Prés que les amis de la rue Saint-Benoît fréquentaient aussi parfois.

Sur les multiples tables de l'appartement, peu à peu, les livres s'écrivaient, dans cette atmosphère où le partage enrichissait le travail personnel, dans cette « entente commune à partir de la vie » qui était pour les habitants de la rue Saint-Benoît, l'essence même du communisme.

Aux côtés de Marguerite Duras, Robert Antelme et Dionys Mascolo, résidents permanents de ces lieux, Edgar et Violette Morin avaient occupé une chambre de bonne dans le même immeuble jusqu'en 1947. Puis étaient venus, visiteurs plus ou moins éphémères, parfois contraints par la difficulté de logement des temps à une installation provisoire, Jacques-Francis Rolland, Claude Roy, Elio Vittorini, Maurice Nadeau, Louis-René des Forêts et tant d'autres. Ils étaient poursuivis par la nécessité de l'écrit, littéraire, politique, philosophique. Ils posaient souvent un carnet, un cahier, une feuille sur un des plateaux de bois cirés de l'appartement, sous le halo chaleureux d'une de ses lampes. « Comment nous attarder à des livres auxquels, sensiblement, l'auteur n'a pas été contraint ? », s'interrogeait Georges Bataille à l'époque où il fréquentait la rue Saint-Benoît dans les années 1950. C'étaient des livres de cette nature, forte, indispensable, qui se forgeaient ici : Dionys Mascolo y a écrit son premier essai sur Saint-Just, publié sous le pseudonyme de Jean Gratien, Robert Antelme *l'Espèce humaine* et Edgar Morin, *l'An zéro de l'Allemagne* et ces trois ouvrages ont été publiés à l'enseigne de la rue Saint-Benoît, par une maison d'édition éphémère, fondée par Robert Antelme et Marguerite Duras : la Cité universelle.

Dans cette assemblée d'hommes, Marguerite Duras traçait, avec difficulté, mais opiniâtreté, son propre chemin. Avec la distance du temps, il est difficile de prendre la mesure de la réalité du comportement de ces intellectuels progressistes dans les années 1940. Dionys Mascolo cirait lui-même ses chaussures : c'était pour Marguerite Duras une preuve de sa conception extrêmement évoluée des rapports entre les hommes et les femmes dans le couple qu'ils formaient, presque officiellement, depuis son divorce avec Robert Antelme en 1946. Par contre, le fait qu'elle était seule aux fourneaux pour préparer les repas d'une assemblée souvent très nombreuse et que l'intendance reposait entièrement sur elle semblait une évidence incontestable et incontestée.

Dans les textes qu'elle rédigeait à cette époque, particulièrement dans des ébauches encore inédites[8], elle exprimait son attirance pour les hommes, son goût pour l'amour — « elle aimait faire l'amour. C'était une des choses qu'elle aimait » — mais aussi sa révolte face à la violence de certains hommes, face à une forme de grossièreté physique qu'elle leur attribuait, et face à leur indifférence devant la parole des femmes. Elle exprimait son désir d'apprendre auprès d'eux. Sa curiosité était très grande, même pour la Bible qu'une jeune fille de ses personnages, qui pourrait être très proche d'elle, découvrait auprès d'un homme « poli et doux » qui avait passé sa jeunesse à lire les textes sacrés, particulièrement l'Ecclésiaste. La jeune fille de ce texte intitulé *la Bible*, dactylographié au dos de tracts du Parti communiste, ne croyait pas en Dieu, mais elle s'efforçait de lire l'Évangile pour plaire à l'homme avec lequel elle faisait l'amour et elle découvrait que l'histoire du Christ, crucifié sous les yeux de sa mère, lui donnait l'envie de pleurer mais qu'elle ne pouvait « aller au-delà d'une certaine émotion ». Elle exprimait déjà cette contradiction, présente encore dans ses derniers textes, la tension entre le désir d'une vie presque ordinaire, avec un homme et des enfants, et l'impossibilité de trouver quelqu'un — même entre les murs de la rue Saint-Benoît — qui prenne en compte, au niveau où elle le souhaitait, la multiplicité de ses aspirations et de ses désirs.

Elle était la seule à écrire des romans. Il lui fallait lutter pour imposer l'idée que ses livres étaient nécessaires, autant que des ouvrages théoriques, fortement et clairement structurés. Le soutien que lui avait toujours apporté Robert Antelme n'impliquait pas la conviction que l'œuvre qu'elle forgeait appartenait à la littérature qui lui importait, surtout après son expérience des camps de la mort et son écriture si tendue d'un livre unique, *l'Espèce humaine.*

En 1944, elle avait obtenu la reconnaissance qu'elle attendait de la part de Gallimard où était paru son second roman, *la Vie tranquille.* Elle avait fui le nom du père (Donnadieu) sans pour autant abandonner toute attache paternelle : son pseudonyme se réclamait du village de Duras, dans ce Sud-Ouest de la France où son père avait une propriété. Dans le même temps, son écriture poursuivait le mouvement inverse et s'écartait du lieu du père pour retrouver celui de la mère. Elle avait situé ses deux premiers romans dans l'Entre-deux-mers, où les racines paternelles s'ancraient dans la réalité d'une maison, au Platier, près de Pardaillan, mais où les événements autobiographiques qu'elle relatait n'avaient pas été vécus. De l'Indochine coloniale — terre liée non pas aux racines de la famille maternelle, situées dans le nord de la France, mais aux origines du personnage de la mère, veuve affrontant son destin, seule avec ses enfants, dans une terre étrangère — il ne restait rien, que des photographies qui avaient commencé à envahir, peu à peu, le coin des miroirs et le rebord des cadres, cependant que Marguerite Duras avançait dans l'écriture de son premier succès populaire, *le Barrage contre le Pacifique*. En retrouvant l'authenticité de l'Indochine, son décor originaire, le roman familial prenait sa dimension mythique.

Marguerite Duras y affrontait, de manière plus directe, la brutalité, la souffrance de ce qui avait été vécu dans l'enfance et dans l'adolescence, la lourde présence de la mère et des frères dans l'absence du père mort et la relation bouleversante avec l'amant chinois. Cette confrontation directe avec l'image de la mère avait été rendue possible par une expérience fondatrice : Marguerite Duras était, elle-même, devenue mère. Son désir d'enfant n'avait pu s'accomplir avec Robert Antelme. Il était réapparu, presque immédiatement, auprès de

Dionys Mascolo. Les circonstances, la déportation de Robert Antelme, en avaient différé la réalisation[9]. En 1947, les murs de la rue Saint-Benoît résonnaient des rires et des cris d'un bébé, Jean Mascolo. « Je crois avoir aimé ma mère plus que tout, affirmait Marguerite Duras, et ça s'est défait d'un coup. Je pense que c'est lorsque j'ai eu mon enfant. »[10].

Cette naissance avait réellement bouleversé son existence et l'ordonnancement complexe des chambres de la rue Saint-Benoît. Dionys Mascolo était le père de son enfant, mais Robert Antelme restait un habitant des lieux — « ce n'est que bien plus tard, bien après même la prononciation du divorce [...] et la naissance attendue qu'ils devaient cesser de vivre ensemble »[11]. Marguerite Duras occupait la grande chambre donnant sur l'entrée et Dionys celle du fond, dont l'accès se faisait par la salle à manger. Après la naissance de Jean, bientôt surnommé Outa, elle avait laissé la grande chambre à son fils, prenant celle qui se trouvait à côté du salon, pièce principale de la maison, où se réunissaient tous les soirs, parfois à grand bruit, les participants du groupe de la rue Saint-Benoît, dont Marguerite Duras restait la « reine fascinante », sans y attacher son image, sa propre légende qui, de livre en livre, de mois en mois, s'élaborait, laissant ses traces, d'abord discrètement, sur les murs de l'appartement.

Avec les droits d'auteur du *Barrage contre le Pacifique*, elle avait acheté, aux puces qu'elle affectionnait, une commode Louis XV. Mais quelques vases indochinois étaient venus peu à peu rejoindre cet environnement et aux coins des cadres de sa chambre elle avait accumulé les photographies de son fils mêlées à celles de sa propre enfance lointaine. Longtemps après elle se souviendra de ces années de l'immédiat après-guerre comme des seules où son existence n'avait pas été totalement ensevelie sous les exigences de l'écriture, où elle n'avait pas été absente de ce qu'elle considérait comme « la vie vécue », grâce à la naissance de son fils et à la présence constante des amis auxquels elle donnait beaucoup de son temps ainsi qu'aux exigences de l'action militante. Mais cette période avait été aussi celle de l'élaboration de l'écriture et d'un univers entièrement personnel, détaché des idées bouillonnant le soir entre les murs de ce salon qui — après le divorce — était devenu le sien. Son écriture s'ouvrait sur l'espace illimité des bords du Pacifique et des eaux du Mékong, dominé par la stature fascinante de la mère et par la figure du frère aîné, maudit, détesté, parcouru par les éclairs de l'amour trop fort que portait la jeune sœur au « petit frère ». Dans cet univers, le bébé qui venait de naître, Jean, avait trouvé naturellement sa place. Il assurait la continuité des générations, de l'épopée familiale qui ne

Les manchots royaux

rencontrait les préoccupations intellectuelles et politiques du « groupe de la rue Saint-Benoît » que sur un point essentiel : c'était de la révolte contre l'injustice faite à sa mère, victime des fonctionnaires qui lui avaient vendu une propriété impossible à cultiver, que Marguerite Duras tirait son énergie militante, convaincue que « cette injustice n'avait jamais cessé sur la terre, [qu']elle se continuait à travers la génération des hommes ».

Après l'exclusion du Parti communiste, Marguerite Duras s'obstinait à coller avec ardeur des affiches, à intervenir sur le terrain, dans des manifestations et des débats au nom des actions politiques décidées rue Saint-Benoît : le « Comité d'action contre la poursuite de la guerre en Algérie » en 1955, le mouvement — après Budapest et les événements de Pologne — en faveur d'un communisme libéral, la création de la revue « 14 Juillet », après le retour du général de Gaulle au pouvoir — qui avait provoqué des dissensions importantes à l'intérieur du groupe — « la Déclaration sur le droit à l'insoumission dans la guerre d'Algérie », dite « manifeste des 121 » en 1960 et, enfin, le Comité d'action « Étudiants-Écrivains » en 1968, dernière flambée rassemblant les amis depuis longtemps éloignés.

Les membres de ce « groupe de la rue Saint-Benoît » discutaient encore dans les années 1990 pour savoir s'il avait — ou non — pris un jour un caractère formel. Dionys Mascolo avait suscité des prises de position publiques, des réunions, des publications. Il avait engagé les actions dans le sens d'une idéologie d'extrême-gauche radicale, dont Robert Antelme partageait la teneur et la conception. L'auteur de *l'Espèce humaine* était resté, pour les intellectuels de sa génération appartenant à la même sensibilité politique, une référence incontournable, quelqu'un dont la pensée accompagnait toute réflexion, toute décision d'action. Son souci profond de l'épanouissement de chaque être humain, sa conviction « que l'homme est l'indestructible et que pourtant il peut être détruit »[12], lui donnait une écoute sans égale et le portait à atténuer, sur certains points, la vigueur sans concession de Dionys Mascolo.

La force mythique représentée par le « groupe de la rue Saint-Benoît » a résisté à la dispersion de ceux qui s'y étaient trouvés associés. Il est resté un véritable symbole, celui d'une société d'hommes et de femmes respectant les individualités mais se voulant pluraliste et communautaire dans ses motions tout autant que dans la tentative de ses membres de vivre au quotidien un idéal particulièrement exigeant. Cette réunion de personnalités diverses est intervenue dans les problèmes essentiels du monde de 1944 à 1968 dans un esprit de lutte contre les injustices, de résistance aux idées reçues, aux mots d'ordre préétablis et à tout ce qui tend à canaliser la pensée. Elle reste un exemple pour ceux qui, dans la génération suivante, poursuivent un idéal similaire. Leur rigueur a parfois fait fuir, mais elle n'a jamais été prise en défaut de compromission.

Membre incontestable du groupe, Marguerite Duras s'était tenue à l'écart du mythe : elle avait construit, dans ce même lieu, sa propre légende, son écriture romanesque et son existence, détachée de Robert Antelme, puis de Dionys Mascolo. Entre ces murs, s'était vécue une expérience exceptionnelle placée, trop souvent, sous le signe de l'excès et du trop, d'une tension extrême, de conflits qui n'avaient pu se résoudre que par des départs. Peu à peu les compagnons des origines étaient allés vivre ailleurs : Dionys Mascolo avait continué à habiter rue Saint-Benoît dix ans après avoir cessé de vivre en couple avec Marguerite Duras qui était alors la compagne de Gérard Jarlot. Puis Dionys Mascolo s'était installé avec Solange Leprince, rue de l'Université. Marguerite Duras avait repris depuis le milieu des années 1950 la grande chambre à son fils, qui avait vécu dans la petite chambre sur la rue pendant plusieurs années, avant de partir — à l'âge de onze ans — en pension pendant l'année scolaire. Peu à peu, elle avait envahi toutes les tables de la maison et pris, seule, le pouvoir sur ces lieux qu'elle avait si longtemps et si largement partagé.

Le calme était retombé sur le salon : la commode surmontée d'un miroir, bien établie entre les deux fenêtres, ne risquait plus de souffrir des pieds parfois maladroits des danseurs. Des petites tables, des guéridons couverts de napperons de dentelle, avaient remplacé la grande table où se prenaient parfois les repas quand les convives étaient trop nombreux. Les fauteuils aux formes arrondies, le confortable canapé invitaient à la lecture, aux longues nuits qu'elle passerait à la fin de sa vie devant la télévision, plus qu'au débat d'idées passionné. Le visage de Jean Mascolo, enfant réveillé dans son sommeil par les discussions trop vives des adultes, ne risquait plus d'apparaître à la porte de communication avec sa chambre. Les tapis qui recouvraient le sol en se chevauchant ne souffraient plus du passage de trop nombreux visiteurs.

Marguerite Duras recevait dans la salle à manger, pièce située de l'autre côté de l'entrée et dont l'unique fenêtre donnait sur le toit en zinc d'un atelier construit dans la cour de l'immeuble. C'était autour de la table ronde en bois presque doré, à côté d'un mur recouvert par une grande carte scolaire de l'Indochine, qu'elle s'asseyait pour parler avec ses visiteurs dans une atmosphère chaude aux couleurs de miel.

Elle apportait une attention particulière à la lumière. Elle fuyait la crudité de l'éclairage direct. Elle protégeait son intérieur du soleil. Elle dispersait dans toutes les pièces, au recoin des commodes, des buffets, des guéridons, de petites lampes dont elle couvrait l'abat-jour de dentelles pour éviter l'éclair de l'ampoule. Elles devenaient les sources d'une lumière intérieure qui portait à ce ravissement de l'esprit, point d'origine de son écriture. Dans ce qu'elle appelait « la chambre noire de l'écrit », une lumière discrète et volup-tueuse veillait ainsi sur le papier et le stylo posés sur la table.

Rue Saint-Benoît, un grand bureau en bois foncé dominait de sa présence la chambre, ce lieu tout autant symbolique que matériel de l'écrit. Il occupait largement l'espace, au fond, devant la fenêtre s'ouvrant sur la rue. Marguerite Duras s'asseyait dans le large et confortable fauteuil face à la croisée. Un léger voile de dentelle tendu hori-zontalement, à la hauteur du deuxième carreau, la protégeait des regards indiscrets venus de l'immeuble situé de l'autre côté de la rue étroite. À droite de la fenêtre, un portrait ancestral de femme veillait. Un autre siège était prévu pour ceux qui venaient travailler avec elle, de l'autre côté du vaste plateau de bois où les papiers s'entassaient sous une petite lampe. Elle préservait l'espace, la possibilité d'une circulation sans gêne entre les meubles, sur le plancher aux larges lattes de bois sombre. Mais elle envahissait tous les plans disponibles : la commode à droite du bureau était couverte de livres et de documents divers. Elle avait ajouté une seconde table, alignée contre l'autre mur, à gauche, un peu en retrait du bureau. S'y amoncelaient d'autres volumes, d'autres tas d'épreuves, d'autres manuscrits. Peu à peu, dans toutes les pièces, sur les rebords de toutes les fenêtres, s'empilaient les traductions en langues étrangères de ses propres ouvrages, piles si hautes qu'elles étaient menacées de déséquilibre et témoignaient autant de son succès que d'une nouvelle démesure.

Au fil des ans s'étaient accumulés, par strates, par couches, des objets qui, une fois posés à un endroit, devenaient quasiment immuables, dans une sorte de refus de voir passer le temps. « Je jette beaucoup », affirmait Marguerite Duras à propos de ses manuscrits mais surtout en évoquant l'irrésistible invasion de la maison par les « biens matériels ». Or, justement, l'appartement n'était pas envahi par ces « produits » qui d'ordinaire y sont accumulés : appareils ménagers, gadgets, ustensiles divers. Ce que Marguerite Duras posait sur ses meubles, entassait sur ses tables, prenait immédiatement valeur d'éternité et rencontrait des résonances particulières dans l'œuvre. Ainsi avait-elle ramassé ou acheté, on ne savait où, un recueil intitulé *la Novela picaresca española*, édité chez Aguilar dans une collection représentant l'équivalent à la Pléiade en Espagne. Le caractère un peu sinistre mais très solennel de la couverture en cuir foncé était accentué par des dessins au fer sur les tranches, soulignés à l'encre brune : ce livre allait devenir le livre brûlé dans *la Pluie d'été*, « livre très épais recouvert de cuir noir dont une partie avait été brûlée de part et d'autre de son épaisseur par on ne savait quel engin mais qui devait être d'une puissance terrifiante, genre chalumeau ou barre de fer rougie au feu »[13]. Un simple florilège du roman picaresque espagnol avait ainsi été transformé en un objet magique.

Au fur et à mesure qu'elle tentait de donner une portée pythique à ses attitudes et à ses déclarations, les moindres choses dont elle s'entourait prenaient une valeur symbolique. Elle aimait les objets qui étaient en eux-mêmes des mythes par leur appartenance au monde végétal et minéral. Elle peuplait les pièces de fleurs et de plantes, qu'elle soignait en mettant dans la terre de leurs pots du « cuivre foutu », des morceaux de métal trouvés ici ou là. Elle ramassait, amassait les cailloux, les branchages, les coquillages. Elle ouvrait ainsi son appartement à la nature, à ce qui venait des forêts et de la mer. Elle inventait pour ces bibelots d'un genre particulier des présentoirs originaux : elle transformait ainsi des casses pour caractères d'imprimerie en réceptacle pour des pierres policées, des lichens séchés, des bijoux, ou une statuette indochinoise.

Elle accordait également une grande importance aux objets qui se rattachaient directement à des choses très anciennes, primitives, comme ces pierres portant encore la signature de leur tailleur du Moyen-Âge, trouvées dans le sol par des maçons portugais. Elle avait remonté ces petits blocs taillés de la cave de la rue Saint-Benoît et elle les avait lavés par peur de la peste qui régnait sur Paris à l'époque où ils avaient été polis : Marguerite Duras refusait le passage du temps. Les objets millénaires étaient pour elle porteurs des joies, des douleurs mais également des bactéries de l'époque où ils avaient été fabriqués.

Elle rêvait du même sort pour ses écrits, qu'elle déclarait intangibles : elle s'entourait de choses qui pouvaient être touchées mais sur lesquelles elle aurait voulu que les années n'aient aucune prise. Elle déclarait sacré ce qui permettait, à ses yeux, de s'élever contre la mort : l'écriture, l'amour, et une certaine forme de politique, mais aussi ces objets qui permettaient d'atteindre l'émotion enfouie, l'ombre interne et de faire revivre « les archives du soi » en recréant ce bouleversement intérieur qui avait accompagné leur irruption dans l'existence. Elle était très attentive aux circonstances de la naissance de l'écrit, elle s'attachait à les raconter, à les préciser dans les interviews qu'elle donnait à la sortie de ses livres, et elle s'entourait des fragments de réalité, garants de cette légende que, peu à peu, elle se créait.

Les photographies jouaient, dans cette perspective, un rôle essentiel : « la photo sans laquelle on ne peut pas vivre, écrivait-elle, existait déjà dans ma jeunesse. Pour ma mère, la photo d'un enfant petit était sacrée. Pour revoir son enfant petit, on en passait par la photo »[14]. La photographie était l'indispensable témoin des mondes disparus, mais Marguerite Duras mettait en doute le pouvoir de la photo à rendre compte de la réalité avec exactitude. Il s'agit toujours d'un regard autre, posé par un étranger sur les objets, les personnes, dans un jeu de miroir sans fin. Cadrage, recadrage, choix minutieux de l'éclairage, ajout de projecteurs pour pouvoir capter sur la pellicule l'intimité de la lumière ou son débordement, travail sur les tirages... Faire venir la matière qui se cache dans le blanc de la fenêtre, s'enfoncer dans le grain et lutter contre l'invasion du noir, trouver l'équilibre subtil entre les contrastes, entre ce qui était et ce qu'il faut susciter sur le négatif révélé pour restituer l'émotion... Le mystère de la photographie rejoignait ainsi parfois la magie de « la reprise des temps par l'imaginaire », dans le rêve de cette image absolue, qui n'avait jamais existé, mais qui avait fait naître en 1983, face à la fenêtre au rideau horizontal de dentelle de la chambre, rue Saint-Benoît, les premières pages de ce qui allait devenir *l'Amant* et apporter à Marguerite Duras un succès « mondial » et populaire.

L'appartement était alors devenu — à l'exact opposé des idées développées par « le groupe de la rue Saint-Benoît » sur la réception de l'œuvre littéraire — le lieu de la gloire d'un écrivain heureux de cette revanche prise sur sa réputation d'auteur intellectuel et illisible et sur l'exclusion sociale et économique dont elle s'était sentie la victime aux côtés de sa mère. En 1984, Marguerite Duras avait accepté ce qu'elle avait farouchement refusé jusque là : passer à « Apostrophes », l'émission qui avait fondé l'existence médiatique de la littérature. Elle avait autrefois fréquenté « Lectures pour tous » — pour *le Ravissement de Lol V. Stein* et *le Vice-Consul* — programme qui, lui, avait donné à la télévision ses lettres de noblesse littéraires.

Bernard Pivot ne s'était pas déplacé au domicile de l'auteur, comme il avait accepté de le faire pour Albert Cohen ou Marguerite Yourcenar. Mais, dans le studio de la rue Jean-Goujon, Marguerite Duras avait obtenu un changement de décor : elle avait souhaité être interviewée autour d'une table ronde, comme si elle se trouvait avec Bernard Pivot dans sa salle à manger, là où elle recevait ses visiteurs. Elle n'avait pas pu se lever, devant les caméras, comme elle avait plaisir à le faire rue Saint-Benoît, avec l'air heureux de celui qui goûte une bonne plaisanterie : elle aimait tant rire ! Elle montrait une image punaisée au mur depuis ce jour de 1984 où elle l'avait découpée dans un magazine : la photographie d'une colonie de man-chots devant la banquise. « Ce sont mes pin-gouins, ce sont les lecteurs de *l'Amant* », commen-tait-elle, dans un mélange de plaisanterie et de fierté. Elle ne pouvait s'empêcher de voir dans « la reconnaissance mondiale » de son livre une preuve d'amour. Lorsque cette phrase sur les pin-gouins apparaissait dans la transcription d'un en-tretien, elle la faisait suivre de la mention « rires » (entre parenthèses), soulignant cette ironie qu'elle acceptait difficilement d'un autre que d'elle-même ou de son fils, Jean, qui, dès sa naissance, avait conquis auprès d'elle une place « intangible », irremplaçable.

Elle n'éprouvait pas de vrai déplaisir à être sous les feux des projecteurs et mettait sa fierté à n'abandonner aucun de ses principes, fussent-ils simplement vestimentaires. Elle conservait ainsi dans sa chambre, coincé entre le mur et le rebord d'un miroir, un témoignage de son obstination à imposer en toute circonstance « l'uniforme M.D. », « le gilet noir, une jupe droite, le pull-over à col roulé et les bottes courtes en hiver »[15]. Elle avait affiché un carton d'invitation émanant du président de la République François Mitterrand, pour une réception à l'Élysée, sur laquelle était in-diquée la nécessité de la tenue de soirée. Margue-rite Duras s'y était peut-être rendue (la date était soulignée) mais en « tenue de travail », comme elle l'avait porté elle-même à la main sur l'invitation, annulant d'un trait de crayon la prescription de la robe longue.

C'est dans sa chambre qu'elle gardait ses souvenirs les plus précieux, comme cette bague donnée par l'amant chinois, ce diamant qui avait transformé sa vie de jeune fille. Elle l'avait longuement portée. Au fil des ans, le diamant avait fini par s'échapper de son logement placé au centre d'une série de petits gemmes. Elle l'avait rangée au fond d'une boîte bleue posée sur le rebord de la cheminée au milieu d'une accumulation d'objets aussi disparates que les multiples facettes de la nostalgie : des photographies de son fils bébé, de sa mère, de ses frères, des bracelets, des petits bibelots en porcelaine ou en verre coloré comme on n'en voit plus que dans les intérieurs très anciens, une lampe à pétrole ouvragée recouverte d'un abat-jour rose. Au fond de son écrin bleu, la bague demeurait l'emblème d'un amour interdit, ayant transgressé toutes les lois de la bienséance.

Dans le miroir placé au-dessus de la cheminée aux trésors, se reflétait le coin destiné au sommeil. Le lit demeurait tel qu'au dernier jour : recouvert d'une toile de Jouy rose élimée par endroits mais soigneusement ajustée sur les côtés, autour d'un simple matelas posé sur un sommier, sans bois ni tête de lit. À la taille minuscule de Marguerite Duras, le lit occupait un coin de la pièce, juste à droite en entrant. Une tenture d'un rose fané dissimulait sur le côté, à la hauteur de l'oreiller, une seconde porte. Des fils électriques arpentaient le mur, à la rencontre de deux lampes à la lumière très discrète et apaisée par un tissu de dentelle recouvrant l'abat-jour. L'une d'entre elles se trouvait posée sur la table de chevet, ronde et blanche, très fonctionnelle. Le napperon sous la lampe, lui aussi fané, était de cette couleur vieux rose que Marguerite Duras semblait affectionner. Une boîte en bois ouvragé incrustée de nacre s'y trouvait posée. Restait l'espace vide d'une Bible, toujours présente à son chevet. Au-dessus de la table, des colliers s'éployaient en forme de chapelet, entourant une photographie de l'auteur encore presque enfant. L'ensemble était nu, dépouillé.

Tout semblait en suspens dans cette pièce. Elle avait travaillé à ce bureau. Elle avait enfilé ses bagues devant la commode sur laquelle elle les rangeait. Elle avait dormi dans ce lit. Elle y était morte, rompant le 3 mars 1996 cette chaîne du temps qu'elle avait tenté de rendre infrangible : elle était revenue à la vie à plusieurs reprises dans des circonstances limites, après des crises de *delirium tremens*, après une cure de désintoxication, après un coma de plusieurs mois. Au fil des hallucinations provoquées par l'alcool, même les éléments les plus ordinaires du décor s'étaient transformé en objets effrayants : elle voyait des

animaux terrifiants hanter le toit en zinc de la cour, des foules envahir son appartement, des chiens morts cachés sous le radiateur. Elle ne dissimulait pas ses visions, elle les exorcisait en les racontant à ces visiteurs : certains d'entre eux ont gardé de l'appartement un souvenir hanté par ces figures d'horreur et de peur.

La rue Saint-Benoît n'avait pas été seulement le lieu de la mort mais, durant de longues années, celui de la ténacité dans l'écrit et de l'obstination dans la vie, malgré cette conviction persistante que la littérature ôtait à l'écrivain toute possibilité d'exister : « quand je mourrai, avait-elle déclaré, je ne mourrai à presque rien puisque l'essentiel de ce qui me définit sera parti, restera seulement à mourir que le corps. » « Oui, avait-elle ajouté, je vois le livre comme une soustraction du corps, comme un dépeuplement du corps... »[16] Et malgré les mois passés dans cette absence irréductible du corps, l'appartement restait imprégné de la présence de Marguerite Duras qui y avait passé jusqu'à ses derniers jours.

Pourtant, dans les derniers temps, elle avait manifesté le désir de le quitter : « je voudrais partir d'ici avant de mourir, avait-elle confié à Luce Perrot en 1988, je voudrais avoir fait un autre appartement qu'ici, avec d'autres avantages ». Désir sage au regard du délabrement intérieur d'une habitation dont elle n'était pas propriétaire ?

Volonté de faire encore, et d'imprimer sa marque sur un nouveau lieu ? Désir fou proche de cette pulsion nomade qu'elle éprouvait depuis les années 1950 ? « Pendant des années, j'ai cherché une maison à acheter. Pour moi, pour partir. Des années ça a duré. Pas trop loin parce qu'il y avait l'enfant. Puis mon mari. Mais je voulais partir. C'était quelque chose qui n'était pas loin d'un dérèglement mental. »[17] Dès la fin des années 1950, elle avait accompli ce désir de départ en ajoutant à son habitation principale une maison dans un village d'Ile de France, puis un appartement au bord de la mer normande. Mais l'appartement de la rue Saint-Benoît était resté le lieu de la permanence de la vie et de l'écrit, celui où elle revenait toujours entre deux séjours dans ces lieux de l'ailleurs, achetés dans le sentiment d'une urgence, pour tenter d'accomplir le rêve de l'été.

1. Dyonis Mascolo, *Autour d'un effort de mémoire, Sur une lettre de Robert Antelme*, Paris, Maurice Nadeau, 1987, p. 39.

2. Marguerite Duras, « L'horreur d'un parfait amour », *in* Marguerite Duras, *Outside*, Paris, Gallimard, coll. Folio, 1995, p. 353.

3. Marguerite Duras, [« Témoignages »], *in* Robert Antelme, *Textes inédits. Sur « l'espèce humaine ». Essais et témoignages*, Gallimard, 1996, p. 252.

4. Dionys Mascolo, *Autour d'un effort de mémoire. Sur une lettre de Robert Antelme*, *op. cit.*, p. 40.

5. Marguerite Duras - François Mitterrand, « Le bureau de poste de la rue Dupin », *L'Autre Journal*, n° 1, 26 février-4 mars 1986, p. 37.

6. Marguerite Duras, [« On avait vingt-cinq, vingt-sept ans »], entretien avec Jean Mascolo et Jean-Marc Turine, 1993, *in* Marguerite Duras, *Le ravissement de la parole*, 4 CD Audio réunis par Jean-Marc Turine, INA/Radio-France, 1997.

7. Edgar Morin, « Le cercle enchanté de Dionys Mascolo », *Le Monde*, 26 août 1997, p. 13.

8. Conservées dans les archives de l'IMEC.

9. « Elle avait fait part à Robert de sa résolution d'être mère lorsque les moyens nous en seraient donnés, d'où suivait notamment la nécessité de recourir un jour au divorce. Nous en étions là quand l'événement vint suspendre en nous pour longtemps toute pensée de ce genre » (Dionys Mascolo, *Autour d'un effort de mémoire. Sur une lettre de Robert Antelme*, *op. cit.*, p. 40).

10. Marguerite Duras, « Ma mère avait », *in* Marguerite Duras, *Le monde extérieur, Outside 2*, Paris, POL, 1993, p. 203.

11. Dionys Mascolo, *Autour d'un effort de mémoire. Sur une lettre de Robert Antelme*, *op. cit.*, p. 41.

12. Maurice Blanchot, « L'espèce humaine », *in* Robert Antelme, *Textes inédits. Sur « l'espèce humaine ». Essais et témoignages*, *op. cit.*, p. 77.

13. Marguerite Duras, *La pluie d'été*, Paris, POL, 1990, p. 13.

14. Marguerite Duras, *La vie matérielle*, Paris, POL, 1987, p. 99.

15. Marguerite Duras, *La vie matérielle*, *op. cit.*, p. 75.

16. *Savannah Bay, c'est toi*, réal. Michelle Porte, INA, 1984.

17. *Marguerite Duras*, réal. Luce Perrot, février-mars 1988, TF1/Communication et programme.

Lumières et ombres
à Neauphle-le-Château

2

C'EST À NEAUPHLE-LE-CHÂTEAU, au cœur d'un village plein de caractère à 50 kilomètres de Paris que son désir d'un départ avait été pour la première fois réalisé à la fin des années 1950[18]. Elle ne se sentait pas attirée par une errance en terre étrangère, mais par un ailleurs qui deviendrait, au contraire, un point d'ancrage : une maison « de famille » qui lui appartiendrait en propre. Elle éprouvait la nécessité de ne plus être simplement locataire mais surtout d'accéder à ce qui lui avait été refusé dans l'enfance : un lieu fixe, dont nul ne puisse la chasser, avec la solidité de murs en pierre crépis, de plafonds soutenus par de larges poutres en bois, et le confort de pièces aux dimensions vastes où tables, commodes et vaisseliers puissent se multiplier sans entraver le passage, un lieu ancestral susceptible d'accueillir une histoire familiale qu'elle s'employait, elle et elle seule, à recréer. « Elle me consolait, la maison de toutes mes peines d'enfant », déclarait-elle. Par cet achat, elle reprenait, d'une certaine manière, possession d'un héritage perdu.

La mère, morte en 1957, avait tout légué à son fils aîné, le préféré, celui que sa sœur surnommait « le dévoyé ». Il avait hérité du « faux château Louis XV » acheté par la mère à son retour en France, aux bords de la Loire, à Onzain. Marguerite Duras avait acquis dans le même temps une vraie maison en meulière : trois bâtiments juxtaposés au bord d'un petit étang. Elle l'avait achetée, non pas directement avec l'argent de sa mère, mais avec une somme venue de l'histoire que lui avait inspirée le personnage de sa mère : Marguerite Duras était devenue propriétaire grâce aux droits versés par René Clément à l'auteur du livre adapté à l'écran, *Un barrage contre le Pacifique.* Ce que sa mère n'avait pas su lui donner — la sécurité d'une maison, d'un héritage — Marguerite Duras se l'était elle-même octroyée avec la complicité forcée de la mère : blessée par le contenu du roman, celle-ci avait violemment rejeté *Un barrage contre le Pacifique.*

Bien des écrivains investissent ainsi leurs droits d'auteur dans une maison, lieu privilégié, où la table d'écriture peut s'établir dans un espace bruissant des sensations dont les murs sont empreints. Sur ce territoire parfois ancestral, ils impriment matériellement la trace de leur propre existence. Ils y établissent le cadre de leur écriture, physiquement mais surtout affectivement, le matériel n'étant souvent que le reflet et l'enveloppe de l'affectif. Marguerite Duras avait déployé cet acte dans un mélange — constant chez elle — de tragique, de lucidité et de démesure.

En acquérant cette ancienne ferme devenue la résidence secondaire d'un notaire parisien, elle était partie en quête de racines ancestrales. Pour elle, les maisons appartenaient au temps qui avait passé entre leurs murs plus qu'à leurs propriétaires, simples passeurs s'inscrivant dans une chronologie parfois millénaire. Elle regrettait de n'avoir trouvé entre les pierres, dans les caves ou les greniers de la maison, aucune trace d'une occupation antérieure. Sur la crédence posée sur une commode, elle avait aligné ses portraits de famille : une image de son père et de sa mère (elle n'avait jamais éprouvé le besoin de faire remonter sa généalogie au-delà), sa propre photographie à l'âge de 25 ans et celle de son fils Jean. Elle avait

également installé, dans le grenier de l'ancienne grange, deux énormes éléphants indochinois en porcelaine, et des vases immenses venus de sa mère. Elle aurait aimé rattacher cet ensemble familial à la grande Histoire par son appartenance à un lieu qui y aurait été mêlé.

Comme elle n'avait rien découvert dans la mémoire des pierres, elle avait inventé l'histoire d'une femme qui serait rentrée des champs par le chemin menant autrefois à l'étang et passant devant la maison à l'emplacement actuel de la terrasse. Son mari l'aurait attendu sous le mélèze, le plus bel arbre du jardin, et « il y [aurait eu] un enfant dormant sous le mélèze, le mari l'[aurait gardé.] La femme se [serait plainte] de la chaleur du jour. Et ce jour, [Marguerite Duras l'aurait appelé] le 16 avril 1672 »[19]. Elle n'avait jamais écrit cette histoire, elle aurait aimé le faire, elle aurait surtout voulu éprouver cette sensation d'éternité, d'un passage continu du temps à travers la succession des femmes d'une même famille, dans le lent glissement des générations, à l'intérieur de cette maison à laquelle elle se sentait désormais appartenir.

Au moment où elle avait mis définitivement en doute la famille, le couple, en s'éloignant — sur ce plan — de Dionys Mascolo, Marguerite Duras avait cherché « un endroit fait pour [les enfants et les hommes], pour les retenir dans un endroit fait pour eux, pour y contenir leur égarement, les distraire de cette humeur d'aventure, de fuite qui est la leur depuis les commencements des âges »[20]. Cette tentation perpétuelle du nomadisme qu'elle attribuait aux hommes, elle l'avait décrite également comme sienne, même si son aboutissement paradoxal avait été cette impulsion, l'achat de cette maison décidé à l'instant même où elle en avait découvert — à travers la porte ouverte — le jardin qu'elle appellera toujours le parc. La demeure de Neauphle était ainsi devenue en un instant « ce lieu de l'utopie [...] la maison créée par la femme », cette entreprise à travers laquelle la femme tentait « d'intéresser les siens non pas au bonheur mais à sa recherche comme si de l'intérêt même de l'entreprise tournait autour de cette recherche même »[21].

C'était une forme de création à part entière, s'exprimant à travers les contradictions d'une conduite qui se cherchait en permanence au-delà de l'ordinaire : « il se passe autre chose que tout ceci qui est courant, la sécurité, le rassurement, la famille, la douceur du foyer, etc. Dans une maison, il y a aussi l'horreur de la famille qui est inscrite, le besoin de fuite, toutes les humeurs suicidaires »[22], et les envies de meurtre des couples qui vivent dans l'enfermement, et la violence qui surgit sans autre explication que l'écrasement par l'oppression du quotidien dans un univers clos, ce crime sans mobile apparent que Marguerite Duras avait exposé dans *les Viaducs de la Seine-et-Oise,* pièce écrite en 1959, à Neauphle-le-Château, commune d'un département qui s'appelait alors la Seine-et-Oise. Dans l'esprit des Parisiens d'alors, la Seine-et-Oise était un espace mal défini, un peu mystérieux, dangereux, où d'une certaine manière tout était possible. Cette zone, à la limite entre ville et campagne, touchait directement la capitale tout en préservant ses champs et ses bois. Les maisons de maîtres, y côtoyaient les pavillons et les grands ensembles. Trappes et ses quartiers dits difficiles s'élevaient en bordure de la forêt de Rambouillet et les travailleurs immigrés — alors en majorité portugais — étaient logés à quelques kilomètres des maisons de notaire aux charges ancestrales.

Marguerite Duras se montrait très attentive aux impressions produites par cette diversité. Dans son village paisible, elle avait très vite fait la connaissance de tout le monde : des commerçants, des derniers maraîchers, et des autres propriétaires de résidences secondaires. Au cours de longues promenades en voiture, elle explorait les environs où se succédaient, à quelques kilomètres d'intervalle, les terrains vagues aux atmosphères lunaires, les plateaux tristes et vides battus par un vent froid sous un ciel bas, les quartiers surpeuplés et les résidences bourgeoises délicatement fleuries.

Les contrastes étaient aussi violents à l'intérieur qu'à l'extérieur : selon les époques, selon les moments, l'existence de Marguerite Duras dans la maison de Neauphle-le-Château avait été marquée par une extrême solitude — avec l'écriture et l'alcool pour seuls compagnons —, ou par un quotidien très communautaire — avec la présence de groupes féministes ou d'équipes cinématographiques — et même des moments presque familiaux — avec les visites de Dionys Mascolo et de sa compagne Solange, celles de Robert et Monique Antelme. Elle y avait vécu dans une alternance de vigilance et de négligence à l'égard de la maison. Ces variations étaient essentiellement dues à la manière dont elle se sentait requise par le travail de l'écriture.

Tout dans son existence était perpétuellement replacé dans une perspective unique : l'acte d'écrire. Or, « ce qui remplace le mieux d'écrire, c'est l'occupation matérielle. C'est pareil, quand je n'écris pas, je me lance dans ma maison de campagne, là, à Neauphle, et je travaille comme une brute... dix heures par jour, je travaille. Les gens qui se reposent, vous savez, qui lisent tranquilles, tout ça, je ne sais pas ce que c'est, je ne l'ai jamais su... enfin non »[23]. Et quand elle restait pendant des heures tassée sans bouger, elle ne se considérait pas en état d'inaction, mais dans une autre période de l'écriture, celle de la concentration en soi, de la perte, du vide indispensable à l'acte d'écrire. « Le temps perdu, expliquait-elle à Michèle Manceaux, est le temps de l'écriture »[24].

Les premiers mois de Neauphle avaient été un temps d'intense activité déployée pour l'aménagement de la maison où elle se rendait alors seule avec son fils encore enfant. Son investissement dans le travail de cette maison qu'elle s'était choisie avait été total. Elle avait déblayé, nettoyé, elle avait fait enduire les murs de chaux et aménager le bâtiment orienté vers le nord-est, qui gardait encore son aspect originel : une ancienne grange. Elle avait couru les puces de Vanves pour acquérir des meubles bon marché mais anciens, en harmonie avec le caractère campagnard de la maison. Quatre cents mètres carrés, quatorze pièces, il y avait de quoi faire ! Elle avait aménagé sa chambre à l'étage du premier bâtiment, celui qui bordait l'étang. Elle avait placé son bureau devant la fenêtre, et avait tourné son fauteuil en osier vers la paix du jardin, le calme de l'étang à peine troublé par les cris des enfants jouant sur le plan d'eau à la sortie de l'école. La clarté — dont elle pouvait se protéger par de doubles tentures — était très vive dans cette pièce qui était alors tapissée, sur tout un côté, d'armoires bleues où elle avait enfoui des manuscrits datant de la guerre. Elle avait poussé le lit, très monacal — matelas léger sur sommier métallique — entre plusieurs tables : ce lieu était avant tout celui de l'écrit.

Puis, devant la fenêtre de cette chambre, s'était mis à pousser un camélia. Absent de Neauphle-le-Château pendant les premières années, Dionys Mascolo y était ensuite venu régulièrement avec Solange Leprince et leur fille, Virginie Mascolo et il s'était découvert une passion pour le jardin : du vendredi au lundi, il avait bêché, biné, planté, taillé, arrosé, avec une ardeur et une ferveur comparables à celles que Marguerite Duras avait déployé à l'intérieur. Dionys Mascolo, que l'écriture fuyait souvent parce qu'il avait du mal à se convaincre de son absolue nécessité mais qui, au-delà de son travail chez Gallimard, ne savait vivre que pour élaborer une pensée et tenter de la transcrire la plume à la main, avait trouvé dans le jardinage un parfait équilibre entre occupation et méditation, comparable à celui que Marguerite Duras établissait dans cette maison entre « la vie matérielle » et celle de l'écrit. Pendant quelques années il avait ainsi entretenu à Neauphle un potager, aménagé les allées et les haies, planté les rosiers et le magnolia, avant d'aller prendre en charge une autre maison et un autre jardin, à Augères dans l'Yonne. Les proclamations de Marguerite Duras pendant ses années féministes sur l'incapacité de l'homme à entrer dans un rapport profond avec un habitat, particulièrement dans le cadre de cette maison de

Neauphle qu'elle voyait alors comme la demeure exclusive des femmes, se heurtaient à une réalité très présente : celle de ce jardin, aménagé et long-temps entretenu par Dionys Mascolo.

Nous avions attendu le premier vrai soleil de l'été pour nous rendre à Neauphle, avertis que c'était par beau temps que le jardin, élément es-sentiel de la maison, montrait tous ses charmes et que la lumière était la plus proche de celle que Marguerite Duras aimait, douce, voluptueuse, fil-trée. Nous avions eu du mal à trouver la porte d'entrée, située un peu bizarrement, dans la se-conde maison, après le premier bâtiment entière-ment enclos et où rien ne permettait de pénétrer. Mais nous l'avions identifiée de manière sûre grâce à la présence, sur la fenêtre adjacente, du gé-ranium *rosa* : son feuillage recouvrait les vitres comme une dentelle habilement nouée. Il filtrait les rayons du soleil et les coups d'œil indiscrets, et plaçait la maison, dès le premier regard porté sur elle, sous le signe de la transparence, mais égale-ment de la mise en retrait, derrière ce grillage léger, clôture fragile et naturelle. Dès l'entrée, la maison paraissait parcourue de longs flots de lumière venus, selon l'heure, des ouvertures situées à l'est (sur la rue) ou à l'ouest (vers le jardin). Les murs et le sol en carrelage, damier noir et blanc, absorbaient et renvoyaient à la fois ces faisceaux dorés.

« Mes livres sortent de cette maison, avait-elle écrit. De cette lumière aussi, du parc. De cette lumière réverbérée de l'étang » et de cette lumière qu'elle travaillait en disposant partout des petites lampes, en en couvrant les abat-jour pour en adoucir la clarté, en créant avec les miroirs de nombreuses sources de reflet, de réverbération. Elle aimait perdre son regard dans des réfractions sans fin et tenter d'apercevoir ce qui surgit des profondeurs, de derrière le miroir. Elle s'apparentait ainsi aux peintres du clair-obscur, à ces chantres de la lumière intérieure que sont Vermeer ou Georges de la Tour.

Elle savait que la lumière est ce qui donne au visible sa dimension sacrée. « La lumière, messagère d'infini, écrit Sylvie Germain, fait intrusion en douceur dans le monde clos d'une demeure ; elle donne aux couleurs leur plénitude, aux formes leur intensité, à la conscience son acuité. Elle exhale son souffle iridescent contre la peau des fruits, contre le mur et les tentures, contre le front et les mains de la femme. Tout réverbère cet éclat. »[25] Marguerite Duras incarnait ainsi entre les murs de son intérieur la persistance d'une vie de l'esprit et de l'émotion, l'immanence de l'écrit arraché à l'enfouissement de l'ombre interne, dans un monde où l'existence de Dieu n'était même plus pour elle une question : « La grande question que pose La Tour, c'est : comment vivre dans un monde qui n'a plus besoin de Dieu ? »[26] « Ce n'est pas parce que Dieu n'existe pas, répondait-elle, qu'il faut se tuer. Je pense que c'est parce que Dieu n'existe pas qu'il faut s'en foutre et être joyeux ; rien ne remplacera Dieu, c'est une notion absolument irremplaçable et magnifique et... essentielle et... géniale, complètement géniale... Moi, ce qui me rend à... une sorte de fraîcheur d'exister, ..., qui j'espère cessera seulement avec ma mort, c'est que l'homme ait inventé Dieu, qu'il ait inventé la musique, qu'il ait inventé... d'écrire »[27]. C'est cette voie qu'avec obstination elle poursuivait, disposant comme autant de traces du cheminement de cette vie vouée à l'écriture, des petites lampes, sources de lumière, dans toutes les pièces et le long de toutes les enfilades de sa vaste maison.

Dès la petite pièce qui servait d'entrée, la persistance de sa présence était saisissante. Sa veste à carreaux noir et blanc, celle avec laquelle elle avait été beaucoup photographiée dans les années 1960, demeurait pendue à une patère devant la porte, comme si elle allait la saisir pour sortir. Deux sabots en cuir à la taille de son pied minuscule − du 35 − semblaient attendre qu'elle les enfile pour aller dans le jardin. Une lampe restait toujours allumée face à l'entrée, sur la table de la cuisine, pour indiquer le chemin.

Située au rez-de-chaussée du corps de bâtiment central, la cuisine, première pièce ouverte aux visiteurs et passage naturel vers le jardin, n'était pas un lieu de contemplation, comme la salle adjacente avec ses larges baies vitrées, mais un lien entre le dedans et le dehors. Elle était le centre vital de la maison, le lieu où la matérialité des objets et des choses s'affirmait avec force à travers le travail ordinaire, quotidien. L'équipement n'y était pas plus moderne que rue Saint-Benoît. Mais dans le placard était conservée la liste qu'elle avait établie des produits indispensables devant toujours figurer, en double, dans la réserve : selon ces principes, une bouteille d'huile pleine était toujours prête à remplacer celle qui se trouvait entamée. Et pourtant parfois, selon certains de ses proches, il n'y avait rien à boire ni à manger. La contradiction n'était pas absente non plus de la manière dont Marguerite Duras réglait la part matérielle de sa vie. Elle affirmait la nécessité du rangement, et le besoin, régulièrement, de jeter, de lutter par la destruction contre l'envahissement des choses : elle disait avoir détruit certains de ses manuscrits dans la cheminée de la salle de séjour, mais elle supportait mal le déplacement d'un objet qui, une fois posé sur un meuble, y restait de manière presque immuable et elle vivait dans l'accumulation des livres et des papiers. Elle avait une machine à coudre, elle « confectionnait des vêtements qui avaient du chic avec des coupons de tissus achetés en solde au Marché-Saint-Pierre »[28], et pourtant elle mettait son point d'honneur à paraître toujours vêtue du même pull à col roulé, du même gilet et d'une jupe identique.

Sans doute son comportement était-il aussi paradoxal en matière alimentaire, même si elle était consciente du caractère vital de la nourriture. Elle est indispensable pour maintenir le corps humain en vie, et le geste de préparer une soupe, cette nourriture de base, de toute époque, de tous pays et de tous temps, fait partie des instincts fondamentaux, de ceux qui permettent de résister au désir de mort : « on peut vouloir ne rien faire, écrivait-elle dans un texte où elle donnait une recette de soupe aux poireaux particulièrement goûteuse, et puis, faire ça, oui, cette soupe-là : entre ces deux vouloirs, une marge très étroite, toujours la même : suicide ».

Héritière d'une famille paysanne, elle ne concevait pas une maison vivante où il n'y aurait « rien eu de cuit » et dès que des visiteurs nombreux et variés — les amis de la rue Saint-Benoît, de nouvelles rencontres — avaient pris l'habitude de venir passer le week-end à Neauphle, elle s'était installée une seconde table d'écriture, au rez-de-chaussée, dans la pièce ouverte par une grande baie sur le jardin, mais aussi la plus proche de la cuisine. Pendant que ses visiteurs étaient en promenade, elle écrivait et, presque dans un même mouvement, surveillait les plats qu'elle préparait pour leur retour. Ses spécialités étaient la salade vietnamienne « avec vingt-trois produits dedans », le gaspacho ou le travers de porc sucré. Lorsqu'il faisait beau, les tables, disparates de forme et de taille, dispersées sur la terrasse, étaient réunies tant bien que mal en une seule, et tous les amis se retrouvaient autour : « La nourriture, déclarait-elle dans des moments de doute, est faite vraiment pour tout le monde, pas la littérature »[29], et quand la communication devenait difficile à établir par l'écrit, elle pouvait encore se renouer par le repas pris en commun.

Parfois la maison était pleine et parfois Marguerite Duras restait seule entre sa chambre et le parc. « C'est dans une maison qu'on est seul », affirmait-elle et jamais elle ne l'avait plus été que durant ces week-ends ou ces étés très prolongés à Neauphle, dans les années où les hommes passaient dans sa vie sans y rester. Elle plongeait dans cette solitude comme dans un environnement indispensable à la naissance de certains livres — le Ravissement de Lol V. Stein ou le Vice-Consul. Leur écriture la mettait dans un état tel qu'elle demeurait de longs moments inaccessible à toute communication. Elle se trouvait là où elle voulait être « dans un certain malheur heureux », avec l'alcool, avec les animaux. Le jardin était très accueillant aux oiseaux dont le chant accompagnait les mouvements du jour. Elle s'y promenait longuement et s'asseyait parfois, tout au fond, près du mur, là où une table et une chaise un peu rouillées gardent encore le souvenir de sa présence désertée.

Elle ramenait dans la maison des feuillages, des branchages, et même un nid qu'elle posait délicatement sur une table. Les objets venus de la nature, doués d'une mémoire profonde, ces compositions qu'elle réalisait avec des pierres rondes et lisses ou des fleurs séchées, s'inscrivaient ici tout naturellement dans les lieux, sur les meubles, les commodes ou dans les vaisseliers. Elle avait aussi élevé des poules de Cayenne qui chacune avait leur nom, ainsi qu'une chatte, Ramona, à laquelle elle s'était trouvée trop profondément attachée pour pouvoir la remplacer : elle s'était un jour précipitée sous les roues d'un véhicule qu'elle croyait être celui de sa maîtresse.

Seule, Marguerite Duras écrivait, buvait, marchait dans le parc, dans la maison, elle avançait dans les allées, dans les couloirs, dans les vastes pièces couvertes d'un carrelage noir et blanc. Elle franchissait les seuils marqués, entre chacun des trois bâtiments, par de petites marches et des dénivellations. Dans ses livres, les personnages marchent sans cesse. Ils passent dans le monde sans en prendre possession. Ils avancent sans but

précis dans les forêts, au bord de la mer, dans les vestibules des hôtels, dans ces espaces communs où les gens coulent (le mot couloir, rappelait-elle, vient du verbe couler) et se répandent à l'extérieur des chambres. À Neauphle, la réunion des trois bâtiments libérait les perspectives, pour le regard et pour le corps, et dans le parc, les allées se prêtaient à des déambulations à pas égal, où le mouvement des jambes et le léger balancement des bras, l'absence de direction précise du regard comme perdu dans le rien, mettaient l'esprit dans cet état d'abandon, de dépossession de soi qui permettait la naissance de l'écriture et l'emportement dans la passion amoureuse. La marche chez Marguerite Duras représentait une attitude plus mentale que physique : dans la vie courante elle se déplaçait fort peu à pied. Il s'agissait d'un cheminement intérieur, d'une avancée lente mais obstinée dans l'espace de la maison, autre figure de cette progression dans l'écrit.

Neauphle-le-Château était un lieu pour l'écriture. Neauphle-le-Château était également devenu un lieu pour le cinéma. Lorsque Marguerite Duras s'était retrouvée face à trop de solitude, lorsque ses textes s'étaient heurtés à une incompréhension qu'elle ne supportait plus — elle avait été particulièrement marquée par l'absence de réception de *l'Amour*, paru chez Gallimard en 1971 — elle s'était lancée dans l'entreprise collective d'un cinéma totalement indépendant, fait avec des moyens extrêmement limités et des équipes réduites qu'elle accueillait dans sa maison, dans une communauté très caractéristique de ces années de l'après mai 1968.

Les couloirs de Neauphle-le-Château, ces longues enfilades qui faisaient communiquer les pièces et les bâtiments, étaient alors devenus des lignes de fuite. Sur le carrelage, une chaise roulante s'était mise à circuler, portant la caméra pour les travellings de *Nathalie Granger*, ce premier film que Marguerite Duras avait réalisé entièrement seule. La maison — ou plutôt sa manière à elle, si particulière, d'investir la maison et de la faire sienne — était le sujet principal de ce long métrage : *Nathalie Granger*, c'était « mettre des gens d'une façon interchangeable, en lieu et place de moi, dans une maison que j'habite moi, et faire un film de ça, de ce prétexte en apparence très simple, fragile »[30].

L'espace central du film se situait dans la pièce à droite de l'entrée, celle qui donnait directement sur la cuisine et sur le jardin par une grande porte-fenêtre au-dessus de laquelle avaient été amassées des brassées de lavande séchée. La hauteur singulière du plafond, qui suivait la pente abrupte du toit du bâtiment, donnait aux parties élevées de la pièce un volume de cathédrale. Elle était ainsi située entre ciel et terre, entre l'élan du toit et le confort douillet du canapé, entre le jardin qu'elle voulait sauvage et les deux tables dédiées à des activités conviviales : la table ronde servait pour les repas, et la grande table en bois protégée d'un lourd tapis aux ramages presque effacés était devenue table d'écriture. La lumière du soir, réverbérée par la terrasse, entrait largement du dehors et rayonnait sur les murs dont l'enduit clair était à nu. Marguerite Duras aimait la transparence particulière de cette atmosphère.

En se montrant ainsi dans sa maison à travers les acteurs de *Nathalie Granger*, c'était la grandeur et l'importance de la vie matérielle des femmes qu'elle mettait en valeur. Les deux personnages féminins, interprétés par Jeanne Moreau et Lucia Bose, élevaient quasiment seules deux petites filles — l'apparition de Dionys Mascolo dans le rôle du père restait fugitive. L'une des enfants avait de graves difficultés scolaires. La mère et son amie emmenaient leurs filles à l'école, leur préparaient à manger, faisaient la vaisselle, repassaient le linge, se reposaient en s'enfonçant dans les canapés couverts de coussins ou en marchant dans le parc. Lorsqu'elles recevaient la visite d'un homme, il s'agissait d'un représentant en machine à laver.

Elles s'affirmaient face à lui « comme des frères », selon la formule employée par Gérard Depardieu, qui jouait ici son premier rôle au cinéma.

« Il y avait la vision de ces deux femmes, se souvenait-il, de ces deux regards surtout, de ces deux paix, il y avait les notes de piano d'une enfant, comme ça au loin, il y avait une espèce de côté — comment dire ? — qui fait appel à une longue, longue, longue mémoire, un peu comme des sons qui viennent d'une enfance qu'on ne connaît pas »[31]. La mémoire de l'enfance était liée à la douceur des lieux habités, entretenus, veillés par les femmes, qui reprenaient possession de leur rôle — longtemps imposé par les hommes — avec une fermeté ancestrale.

Marguerite Duras attachait une importance particulière au plan où Jeanne Moreau desservait la table et ramassait, d'un geste habile et efficace de la main, les miettes du repas. Elle considérait aussi comme essentielle la scène où Jeanne Moreau partait avec l'aînée des petites filles faucarder l'étang — en nettoyer les herbes flottantes avec une grande faux — sous le regard de l'autre enfant : chez Marguerite Duras, les actes importants de la vie s'accomplissaient le plus souvent sous le regard d'une troisième personne. Ici, la scène prenait une dimension supplémentaire puisque la mère de Nathalie observait à son tour, sans être vue, sa fille qui regardait Jeanne Moreau et sa sœur faucarder l'étang. Ce geste — dont l'usage remontait à l'origine de l'histoire de cette maison et de l'étang — devenait mythique sous ces regards croisés et résonnait comme un hymne d'amour à la nature, à la maison qu'il s'agissait de protéger, à l'enfant qui regardait et était regardée.

Dans cette demeure ouverte uniquement sur l'espace « clos » du parc, le dehors surgissait sous forme de danger. Les nouvelles qui venaient de la radio faisaient état d'un crime dans la forêt toute proche. Le représentant en machines à laver était accueilli mais les deux femmes lui opposaient la négation de ce qu'il prétendait être dans ce monde du dehors, là où le social travestit l'homme : « non, vous n'êtes pas voyageur de commerce ». La maison devenait, chez Marguerite Duras, le lieu de l'expression de la vérité des femmes, au son de notes jouées par le piano déployant « la suggestivité magique de la musique, [qui] est l'art par excellence »[32] et la forme d'expression humaine la plus proche de l'absolu.

Marguerite Duras accordait à la musique une valeur essentielle. En l'entendant, montait en elle une émotion « intenable » et des pleurs qu'elle ne pouvait arrêter. Elle la considérait comme « la plus haute instance de la pensée à son stade non formulé, presque millénaire, archaïque »[33]. La musique se trouvait ainsi en prise directe avec cette région obscure du soi, « l'ombre interne », d'où montaient les sensations, les mots, la matière même de l'écrit.

La légère succession de notes formant la ritour-
nelle répétée tout au long du film *Nathalie Granger*
renvoyait à un autre type d'écoute, à un autre univers, à la présence traditionnelle du piano dans les
demeures familiales, à la musique qui se fait dans
les maisons, maladroitement souvent, mais avec
un plaisir et une émotion un peu naïve, produi-
sant une sonorité fragile et familière, hors de toute
douleur. Le thème lancinant et léger de *Nathalie
Granger* avait été inventé par Marguerite Duras
elle-même. Elle ne jouait pas du piano, mais tapo-
tait volontiers sur le clavier de l'instrument placé
dans la pièce au fond de la maison. Dionys Mascolo avait pratiqué toute sa vie le piano, en ama-
teur, mais de manière assidue. Marguerite Duras
avait cherché à communiquer à leur enfant, Jean, la
même passion : « pendant un an, je n'ai pas écrit,
racontait-elle, je n'ai fait que ça : l'accompagner à
ses leçons de piano et lui faire faire ses exercices ».
Dans le film *Nathalie Granger*, c'était dans cette
pièce de la maison de Neauphle que l'enfant faisait
ses exercices et *La Méthode rose*, *Les Classiques fa-
voris* — dont elle travaillait un morceau avec son
professeur — sont restés posés sur le piano, souvenir tout autant de la jeunesse de Jean Mascolo
que du personnage du film dont le renvoi de
l'école n'avait finalement pas d'importance.
Nathalie allait faire de la musique, ce qui représentait une activité en soi pour Marguerite Duras, en

dehors d'une perspective professionnelle. Elle plaçait la musique au-dessus de tout ce qui pouvait être appris à un enfant, dans l'environnement ancestral de murs en pierre, sous de solides poutres en bois.

Mais dans cette « pièce au piano », se réalisait aussi d'autres recherches, se reconstituaient d'autres atmosphères, proches des fêtes de la rue Saint-Benoît. Les amis de Neauphle s'y rassemblaient le soir, se succédaient devant l'instrument pour interpréter, bien ou mal, un morceau de musique classique, une chanson. Le tourne-disque était mis à contribution pour jouer des microsillons 33 tours et accompagner les pas des danseurs. Carlos d'Alessio venait et pendant plusieurs jours, plusieurs nuits, il composait avec Marguerite Duras les airs *d'India Song*, sur le piano à queue un peu faux, datant de 1870, qu'elle avait acheté d'occasion — 2 000 F — après qu'il ait appartenu au Chanoine de Monfort-l'Amaury.

La musique de l'autre film tourné dans la maison de Neauphle-le-Château, *le Camion*, n'obéissait pas à ces règles de composition familières et presque familiales. *Les Variations Diabelli* de Beethoven étaient interprétées par Pascal Rogé et empruntées à un enregistrement discographique diffusé dans le commerce. La maison n'était plus ici le sujet principal, mais un camion bleu, qui apparaissait, dès le premier plan, garé sur une place de Pontchartrain, à quelques kilomètres de Neauphle-le-Château. Le camion partait, s'enfonçait dans la zone industrielle de Plaisir au milieu des roulottes des bidonvilles, des terrains vagues et des grands ensembles. Il parcourait les routes de cette partie de la Seine-et-Oise rebaptisée, depuis 1977, les Yvelines et que Marguerite Duras sillonnait fréquemment en voiture, seule ou accompagnée, comme la vieille dame dont il était question dans le film.

Le Camion montrait une autre forme de la présence de Marguerite Duras dans la maison : celle de la femme qui s'intéressait au dehors, à l'environnement si particulier dans lequel s'inscrivait le village où elle habitait, aux zones urbaines qui l'entouraient et à ceux qui ne s'appelaient pas encore « les exclus ». Mais le film montrait également la femme solitaire, celle qui écrivait et qu'un excès de solitude rendait parfois proche de la folie. Une femme qui sortait, un peu errante, dans les cafés et même les cafétérias de grande surface, comme celle de Parly II, et qui parlait de tout, de rien, pour occuper le temps et l'espace de la parole. Une femme qui, à force de solitude, était « déconnectée de tout, de la société. Mais déconnectée de telle sorte qu'elle [était] en relation très serrée et très essentielle... Avec l'ensemble ? C'est ce [qu'elle nommait] « l'ensemble », depuis beaucoup de temps, faute d'un autre mot »[34]. Son activité de lecture, d'écriture, la mettait en relation avec le reste de l'univers car « tout est dans tout, partout, tout le temps en même temps ». Elle saisissait le monde à travers « l'effet intime que lui faisait ce qu'elle venait de voir »[35] et elle cherchait ensuite à rendre cette perception dans des textes qu'elle voulait proche du quotidien, de l'ordinaire mais que sa vision sublimait et portait à l'universel. Ce travail intérieur se poursuivait dans la pénombre, l'obscurité des mots qu'elle tentait de sortir du plus profond d'elle-même et dans cette pièce qu'elle appelait la chambre noire de l'écrit.

Marguerite Duras était doublement présente dans le film. Elle s'identifiait à la « dame du camion », aussi dénommée la « dame d'Auchan », ce personnage dont il était sans cesse question sans que jamais elle ne figure à l'écran. Marguerite Duras apparaissait également devant la caméra, dans sa propre maison, assise devant une grande table ronde dans le grenier de l'ancienne grange, vaste pièce dont les murs et le toit avaient été creusés de trois puits de lumière. Les rayons du jour se croisaient dans la pièce, venus de sources différentes : une grande baie s'ouvrait largement à l'ouest sur le jardin, un lanterneau accueillait à l'autre bout de la pièce la clarté du levant, et une porte-fenêtre donnant au nord-est sur de grands arbres laissait passer les rayons filtrés du soleil.

Marguerite Duras jouait son propre rôle face à Gérard Depardieu. Ils lisaient le texte, de part et d'autre de la table, chacun à leur tour, sans avoir répété, dans la découverte de la première fois, dans la spontanéité de cette activité de lecture-écriture que Marguerite Duras pratiquait au quotidien. Au début du film, de lourdes tentures occultaient toutes les ouvertures. La seule lueur provenait de la lampe posée sur la table. Son piétement en métal travaillé dressait cinq petites ampoules protégées par des abat-jour de couleur, jaune, orange et blanc. C'était une lumière limite pour la caméra, la clarté obscure de la lecture et de l'écriture.

Les plans d'intérieur où Marguerite Duras et Gérard Depardieu lisaient le texte, alternaient avec des plans extérieurs où le camion filait sur les routes des « quartiers » de Saint-Quentin-en-Yvelines, là où sont logés ceux dont la grande ville ne veut plus. La lumière était blanche, hivernale et les paysages un peu glauques sombraient parfois dans le bleu sombre de la nuit. Peu à peu, comme par contraste, dans la pièce, la lumière montait. La tenture qui occultait la porte-fenêtre avait été ouverte. Seul restait tiré le léger voilage blanc, selon la consigne directement épinglée sur le tissu : « laisser le rideau blanc fermé parce que le soleil abîme le tapis ». La lumière extérieure était toujours une menace et avec elle surgissait la peur : « la crainte que d'un seul coup s'engouffre dans la cabine du camion, dans la chambre noire, un flot de lumière [...] La peur de la catastrophe ; L'intelligence politique »[36] et les proférations de la dame du camion se faisaient plus inquiétantes : « Que le monde aille à sa perte, déclarait-elle alors, c'est la seule politique ».

De part et d'autre de la fenêtre, un lampadaire et une lampe avaient été allumés, malgré le jour, veilleurs de l'autre lumière, intérieure et créatrice. Puis la clarté retombait peu à peu, descendait derrière le rideau blanc. Commencé dans la pénombre, ouvert un temps sur le jour, le film s'avançait peu à peu vers le noir, suivant le cheminement d'une journée de Marguerite Duras lisant, écrivant dans la maison, sous la chaleur des petites lampes, l'avancée d'une journée de « la dame d'Auchan », montant dans un camion, parlant sans arrêt jusqu'au moment où le chauffeur lui faisait peur et où elle descendait. Le dernier plan, avant l'écran noir, était celui du parc dans la nuit, plan filmé par la fenêtre ouverte sur le dehors, sur la catastrophe qui finissait par avoir lieu : « On attend l'accident qui va peupler la forêt. C'est le bruit d'un passage. On ne sait pas de qui, de quoi. Et puis, cela cesse »[37].

Ce film ancré dans l'intimité de la maison de l'auteur, dans la confidence de son identification autobiographique au personnage, ce film sur le « tout. Sur tout à la fois », ce film qu'elle voulait politique était aussi, de son propre aveu, un film « sur l'amour » (et non un film d'amour), le film d'un amour particulier, entre deux êtres qui ne se voyaient pas, ne se regardaient pas, même s'ils partageaient un bref instant la cabine d'un camion, et s'ils parlaient sans cesse, tout le temps du trajet. Il était question ici, comme le plus souvent chez Marguerite Duras, d'un amour porté aux abîmes de l'impossible.

Dès les premières années de son installation dans la maison, Marguerite Duras avait placé dans le grenier où avait été tournés les intérieurs du film, « un lit de repos, sous la longue fenêtre, pour y admirer son parc »[38]. C'était un petit lit étroit. Dans tous les lieux aménagés par Marguerite Duras, les lits n'avaient jamais été qu'à une place, prévus pour y dormir seul et lorsqu'elle parlait avec son amie Michèle Manceaux, « elle di[sait] que le mot « tendre » est un mot qu'elle n'em-plo[yait] pas... Elle di[sait] que l'amour n'existe pas, que seule la passion va[lait] la peine [et elle était] sincèrement désolée que [Michèle Man-ceaux] puisse [se] contenter d'un sentiment aussi minable que la tendresse »[39]. La passion se jouait dans des chambres d'hôtel, « dans l'ombre d'un couloir face à la porte ouverte sur le dehors », dans la rumeur de la mer, ou dans ce champ de seigle d'où Lol V. Stein tenait Jacques Hold et Tatiana Karl sous son regard.

Marguerite Duras avait avoué à Pierre Dumayet[40] avoir été poursuivie toute sa vie par le regret de n'avoir pas été Lol V. Stein. Elle avait su décrire ce personnage, inspiré par une femme aperçue une fois dans un asile psychiatrique. Elle avait pu concevoir la façon dont Lol poussait l'abolition d'une certaine forme du sentiment à l'extrême de la folie. Mais elle n'était jamais parvenue, elle, Marguerite Duras, à atteindre cet état, à le vivre. Elle aurait souhaité se trouver un jour dans cet absolu de l'amour, qui est aussi oubli de soi. Elle aurait voulu pouvoir éprouver, comme Lol V. Stein, cette plénitude face à la naissance d'un amour, celui de Michaël Richardson pour Anne-Marie Stretter, en oubliant que c'était son propre amour, celui de Lol V. Stein pour Michaël Richardson, qui se trouvait ainsi nié et tué. C'était ce que Marguerite Duras avait cherché toute sa vie, de passion désespérée en amour impossible.

En amour, comme en toute chose, Marguerite Duras voulait l'absolu, « le tout », et comme il était impraticable elle s'obstinait dans « le rien ». Elle ne connaissait pas de position médiane et ne savait appliquer de nuances que dans le jeu subtil qu'entretenaient, chez elle, l'ombre et la lumière. Neauphle était ainsi devenu le lieu de l'amour déserté, où les hommes ne faisaient que passer, où ils ne se manifestaient que sous forme de lettres, de correspondances entretenues sans espoir autre que de garder en soi la place d'une attente, la place d'un amour. « Dans ce jardin fermé de *l'Homme Atlantique*, évoquera-t-elle, le désespoir de l'aimer, lui, c'était dans ce jardin maintenant abandonné. Je m'y vois encore, resserrée sur moi-même, prise dans le gel des jardins désertés »[41].

Face à l'absolu de la solitude et dans l'absence de l'homme, le rêve de la demeure comme refuge ancestral et familial se révélait insoutenable. Elle maintenait la maison, hors des atteintes du temps, elle faisait reprendre le sol de la cuisine à la suite d'un affaissement, elle faisait refaire les murs et les peintures après des inondations dues à des ruptures de canalisation tout en déplorant ce cataclysme qui avait emporté, dans sa chambre, les armoires bleues. Ce lieu restait plein de charme et son atmosphère se faisait toujours douce au visiteur.

Mais elle se savait détruite par l'alcool, ce vin rouge de mauvaise qualité dont elle emplissait sans cesse ce petit verre qu'elle maintenait jour et nuit à portée de sa main droite, comme un signe de mort. Elle voyait son œuvre menacée par l'emprise de tentatives cinématographiques limites. Elle s'épuisait à guetter dans son jardin la venue de l'été, de cette « chaleur [qui] signifie la fin d'une pensée réflexive. Elle engendre un état contemplatif de la pensée et des sens. C'est une provocation de la vie amoureuse mais en même temps on

ne se supporte jamais aussi mal que dans la chaleur »[42]. Elle avait toujours vécu la venue de l'été
comme un espoir, l'attente d'un événement qui
bouleverserait le cours de la vie. Elle ne cessait
d'espérer que, pendant cette période de l'année où
tout semblait possible, surgirait — d'une région
inconnue et lointaine — la possibilité d'un monde
nouveau. Or, écrivait-elle, « je me suis toujours retrouvée à la fin des étés comme une ahurie qui ne
comprend pas ce qui s'est passé mais qui
comprend que c'est trop tard pour le vivre ». Alors,
elle se mettait à écrire sur cet événement qui n'était
pas arrivé, qu'elle n'avait pas su saisir. L'espace du
livre était envahi par ce qu'il ne lui avait « pas été
possible de vivre »[43].

Dans la maison de Neauphle-le-Château, à
l'extrême fin des années 1970, l'espoir — et même
l'écrit — s'épuisaient. Restaient les enfants qui
jouaient à grand bruit devant sa fenêtre et avec
lesquels elle entretenait de longues discussions.

En juillet 1997, les descendants de ceux qui
troublaient son travail de leurs cris étaient toujours là, jouant avec leurs cannes à pêche sur le
mur de l'étang. Lorsque nous sommes sortis de la
maison, l'un d'eux est venu nous trouver : « puisque vous connaissez les gens qui habitent, là, dans
cette maison, vous pourriez pas leur demander de
couper un peu le saule ? Tous les poissons se réfu-
gient dessous, à l'ombre, et ils ne viennent jamais

par ici. Alors nous, on n'attrape rien et c'est pas drôle ! » Le saule qui sur les photographies des années 1960 et même 1970 protégeait à peine la fenêtre de la chambre de Marguerite Duras était devenu magnifique de rondeur et de branches pendantes. Elle détestait couper les arbres et elle l'avait laissé tout envahir, par négligence autant que par principe : lorsqu'on avait coupé les arbres de la forêt, elle s'était déclarée « complètement paralysée par l'horreur, comme si on venait de tuer quelqu'un devant [elle] »[44]. Le saule de Marguerite était devenu le gardien des poissons de l'étang, dans cette maison qu'elle avait faite sienne plus qu'aucun de ses autres lieux, et à laquelle elle avait tenté de donner cette dimension ancestrale, cette odeur inimitable des demeures d'enfance.

★
★ ★

L'été, au tournant du mois d'août, était devenu caniculaire. Nous attendions de nous rendre à Trouville, dernier lieu marqué par l'empreinte de Marguerite Duras, et qu'elle avait choisi pour sa lumière. Lorsqu'elle s'en éloignait, elle disait avoir « le sentiment de perdre de la lumière. Non seulement de la lumière droite du plein soleil mais celle diffuse et blanche du ciel couvert et celle charbonneuse des orages ». À Paris, la lumière brutale du plein été — celle que Marguerite Duras qualifiait de mortelle — solidifiait le ciel.

Soudain la nouvelle qui menaçait depuis le début de l'été était tombée. L'événement était survenu pendant une nuit où l'air ne parvenait pas à fraîchir, celle du 20 au 21 août. Dionys Mascolo était mort. Quand nous l'avons appris au matin, rien ne permettait d'échapper à l'écrasement d'un temps lourd, au poids de l'inéluctable : une sensibilité, une intelligence aiguë, une conscience politique sans concession, un homme fin, drôle, séduisant, aux yeux bleus pétillants de malice, au regard perçant qui semblait voué à une éternelle jeunesse, obstiné dans le refus de tout compromis, allait définitivement nous manquer. Il ne nous parlerait plus du caractère irréfutable de l'absence de Dieu, et de « l'amour avec ses aléas, sa difficulté et aussi sa possibilité de s'éteindre, la possibilité mortelle ». Nous ne pourrions pas lui envoyer ce livre et lui demander un rendez-vous, en fin d'après-midi, à son café l'Escorailles, pour savoir ce qu'il en pensait.

Le silence était tombé sur la ville où l'air se raréfiait sous l'effet de la chaleur : « Le silence de la nuit en plein soleil. Le soleil au zénith et le silence de la nuit. Le silence au centre du ciel et le silence de la nuit ». Les rosiers de Neauphle-le-Château avaient comme éternellement défleuri.

18. Dans ses livres, Marguerite Duras donne la date de 1958. Des témoins proches parlent de « 1956 ». Seul l'acte de propriété sorti des archives, un jour, tranchera.

19. Marguerite Duras, « Entretien », avec Dominique Noguez, *in* Marguerite Duras, *Œuvres cinématographiques, Édition vidéographique critique*, 1984, p. 12.

20. Marguerite Duras, *La vie matérielle, op. cit.*, p. 48.

21. Marguerite Duras, *La vie matérielle, op. cit.*, p. 48.

22. Marguerite Duras, Michelle Porte, *Les lieux de Marguerite Duras*, Paris, Éditions de minuit, 1977, p. 16.

23. Marguerite Duras, « Entretien avec Michelle Porte », *in* Marguerite Duras, *Le Camion*, Paris, Éditions de minuit, 1977, p. 125-126.

24. Michèle Manceaux, *L'Amie*, Paris, Albin Michel, 1997, p. 16.

25. Sylvie Germain, *Vermeer*, Paris, Flohic, 1993, p. 20.

26. J.M.G. Le Clezio, « Et l'ange arrête l'histoire du monde », *Georges de la Tour*, Télérama/Hors série, 1997, p. 61.

27. Jean Mascolo et Jérôme Beaujour, *Duras filme*, film vidéo de 50 minutes.

28. Michèle Manceaux, *L'Amie, op. cit.*, p. 19.

29. Marguerite Duras, [« Jamais, dans aucun cas... »], entretien avec Marianne Alphant, France-Culture, « Le Bon plaisir », 1984, *in* Marguerite Duras, *Le ravissement de la parole*, 4 CD Audio réunis par Jean-Marc Turine, *op. cit.*, 1997.

30. Marguerite Duras, « Entretien » avec Dominique Noguez, *in*, Marguerite Duras, *Œuvres cinématographiques, Édition vidéographique critique, op. cit.*, p. 20.

31. [Propos de Gérard Depardieu recueillis par Dominique Noguez], *in* Marguerite Duras, *Œuvres cinématographiques, Édition vidéographique critique, op. cit.*, p. 19.

32. Joseph Conrad, *Le nègre du Narcisse*, trad. Robert d'Humières et M.-P. Gautier, Paris, Gallimard, coll. « L'Imaginaire », 1982.

33. Marguerite Duras, [« Vous écoutez de la musique souvent ? »], entretien avec Marianne Alphant, France-Culture, « Le Bon plaisir », 1984, *in* Marguerite Duras, *Le ravissement de la parole*, 4 CD Audio réunis par Jean-Marc Turine, *op. cit.*

34. Marguerite Duras, « Entretien », avec Dominique Noguez, *in* Marguerite Duras, *Œuvres cinématographiques, Édition vidéographique critique, op. cit.,* p. 47.

35. Marguerite Duras, « Les Chantiers », *in* Marguerite Duras, *Roman, cinéma, théâtre, un parcours 1943-1993,* Paris, Gallimard, coll. « Quarto », 1997, p. 440.

36. Marguerite Duras, *Le Camion, op. cit.,* p. 42.

37. Marguerite Duras, *Le Camion, op. cit.,* p. 70.

38. Michèle Manceaux, *L'Amie, op. cit.,* p. 17.

39. Michèle Manceaux, *L'Amie, op. cit.,* p. 68.

40. Dans une émission d'octobre 1992, réalisée par Robert Bober, dans la série « Lire et Écrire ».

41. Marguerite Duras, *La vie matérielle, op. cit.,* p. 9-10.

42. Marguerite Duras, [« Entretien »], *Réalités,* mars 1963, cité *in* Marguerite Duras, *Romans, cinéma, théâtre, un parcours 1943-1993,* Paris, Gallimard, coll. " Quarto ", 1997, p. 646.

43. Marguerite Duras, *La vie matérielle, op. cit.,* p. 10-11.

44. Marguerite Duras, « Entretien avec Michelle Porte », *in* Marguerite Duras, *Le Camion,* Paris, Éditions de minuit, 1977, p. 133.

À Trouville, l'ultime clarté de l'été indien

3

SEPTEMBRE 1997.
Sur l'asphalte du trottoir de la ville de Bobigny roulaient les premiers marrons échappés de leur bogue éclatée. Dans la grande salle de la MC93 se préparaient les représentations de *la Maladie de la mort*, texte écrit par Marguerite Duras à Trouville en 1982 et monté par Bob Wilson[45]. En attente de notre visite à Trouville, nous avons présenté à la bibliothèque de Bobigny un premier état du travail sur *les Maisons de Marguerite Duras* : des photographies de la rue Saint-Benoît

et de Neauphle. Il venait de pleuvoir après des semaines sans eau et l'odeur qui montait de la terre et des arbres dans le square entourant la bibliothèque était celle des pays de grandes chaleurs après la première averse annonçant le retour de la saison des pluies. Nous désespérions de voir Trouville dans la lumière de l'été. Mais ce n'était qu'une alerte. La lente descente dans l'humide, le vent, l'obscur et le froid allait attendre encore quelques semaines. L'ultime jour de vrai beau temps, à la fin de cet été 1997 empiétant sur les limites de l'automne calendaire, allait être celui de notre voyage à l'hôtel des Roches noires, à la rencontre de cette demeure de Marguerite Duras qui avait supplanté Neauphle dans les deux dernières décennies de son existence.

En 1963, elle avait acheté un appartement dans la rumeur, la senteur, la lumière de la mer. Elle avait inscrit le souvenir de cet événement, au crayon, directement sur la porte de sa cuisine, comme les hommes préhistoriques prenaient possession de leur habitat rupestre en gravant ou en peignant sur les murs : « L'appartement ici a été acheté le 1-6-63 à Mme Gouault pour la somme de 9 millions (anciens). C'est sur une annonce du *Figaro* que je suis venue le voir dans la matinée. J'étais la première. J'ai acheté séance tenante comme Neauphle. »

Elle fréquentait depuis de nombreuses années cette région de Normandie, se rendant en particulier dans la propriété des Gallimard, à Berneville. Elle connaissait la valeur de l'hôtel de Trouville, porteur de légendes. Elle était consciente d'acheter, dans une précipitation indispensable, l'appartement 105 dans l'hôtel où Proust avait occupé, chaque année du début du siècle, la chambre 110. Il l'avait décrit comme le « Grand Hôtel de Balbec » dans *la Recherche du temps perdu*. Le hall, rénové en 1924 par Robert Mallet-Stevens, était montré en exemple dans les livres d'architecture. Elle acquérait plusieurs pièces — deux appartements réunis en un seul — dans un lieu réservé à quelques initiés. Lors de la première mise en vente par appartements, en octobre 1959, à la création de la société Résidence des Roches noires qui remplaçait l'hôtel, tout avait été dispersé en un après-midi. Seuls d'anciens clients avaient été prévenus en secret. L'annonce du *Figaro* était donc une occasion rare, que Marguerite Duras avait su ne pas laisser passer, sensible à la force d'évocation de ce séjour de luxe et de splendeur : dans les longs couloirs où courait un tapis rouge aux fleurs géométriques et stylisées, dans le hall majestueux aux baies arquées en plein cintre, largement ouvertes sur la mer, le temps était resté comme suspendu entre deux bals, deux promenades lentes au bord de la mer, deux périodes de repos dans les chambres, avant les longues soirées au casino. Marguerite Duras allait pouvoir vivre entre les mêmes murs que ceux qu'elle apercevait de loin dans son enfance, lorsqu'elle observait les invités d'Élizabeth Striedter[46] se rendre dans leurs automobiles immenses aux réceptions de l'ambassade de France ou jouer au tennis, de l'autre côté d'un grillage pour elle impossible à franchir. L'acquisition de cet appartement la mettait sur le même plan que ces hommes et ces femmes dont le comportement aristocratique l'avait toujours fait rêver. Elle ne changerait pourtant rien à ses habitudes ni à son apparence et elle traverserait toujours le hall de l'hôtel, en se rendant au marché, avec, accroché à son bras, un cabas en tissu de plastique rouge qui paraissait immense en regard de sa minuscule silhouette.

Dès le premier été passé dans cet appartement, un nouveau mythe avait pris forme. C'est ici qu'était apparue l'image de S. Thala, la ville où allait se déployer l'histoire de Lola Valérie Stein. *Le Ravissement de Lol V. Stein* était ainsi né de l'ébranlement causé par une double vision : celle d'une jeune schizophrène rencontrée par Marguerite Duras à l'hôpital de Villejuif et celle des immenses étendues de grève découvertes à marée basse de son balcon, au lieu-dit des Roches noires, promontoire de terre argileuse, clôture provisoire de la grève qui s'infléchit ensuite légèrement vers l'est en dessinant l'estuaire de la Seine, face au cap d'Antifer.

À Trouville, Duras retrouvait la mer telle qu'elle la portait en elle depuis son enfance : une mer de delta, d'estuaire, d'eaux alourdies par la vase et le sable accumulés, une mer bordée de champs très souvent en friche car recouverts à marée haute, comme les terres de Marie Legrand-Donnadieu par les débordements du Pacifique. Les multiples couches géologiques de l'estuaire, déposées au fil des millénaires, se mélangeaient. Au fond de ce magma où s'accumulaient des strates de mémoire, enfouies depuis l'origine des temps, remodelées par le roulement des eaux. Lorsque la mer se retirait, les bancs de sable s'isolaient en forme d'îlots, et une étrange cartographie se dessinait dans la baie avec des rochers en guise de montagnes et d'étranges plots noirs, squelettes d'arbres autrefois réunis par des cercles de fer pour une utilisation ancestrale et mystérieuse. Marguerite Duras ne se mesurait à la mer que de la terre : elle restait au bord, en marge, elle ne s'aventurait pas sur les flots, elle suivait les troubles des tempêtes au fond de sa chambre, évaluant la violence du vent et la colère des flots à leur grondement à travers les fenêtres battues. C'est du rivage qu'elle s'imprégnait de la lumière, de l'humidité, de la fraîcheur, comme Lol V. Stein, lors de ses incessantes promenades sur la plage, à S. Thala.

L'hôtel s'élevait — bloc majestueux et massif — à l'extrémité nord-est de la plage. En venant de Deauville, il fallait passer devant le centre de Trouville, puis devant les tennis, îlot vert et rouge au milieu du sable, pour atteindre — là où finissent les planches — le grand bâtiment de pierre blanche. Son architecture un peu lourde se déployait face à la mer, articulée de manière très symétrique par rapport à un point central, marqué au rez-de-chaussée par la grande baie vitrée du hall, surmontée — aux deux étages suivants — d'une double colonnade ornée de chapiteaux. Au troisième étage, entièrement couvert d'ardoises, l'axe médian était souligné par une avancée en forme de fronton. Une fine balustrade en fer forgé parcourait la façade au premier étage comme un feston, seul ornement, dentelle noire légèrement posée sur le blanc de la pierre. Elle indiquait un des charmes essentiels de cet hôtel : le balcon qui à cet étage — et à cet étage seulement — permettait aux occupants privilégiés dont faisait partie Marguerite Duras, de contempler la mer de chez eux, même lorsque leur appartement donnait, comme le sien, sur la façade arrière et sur un côté.

Cette architecture classique avait été modernisée, à l'époque de Proust, par une salle à manger à structure métallique dont les baies vitrées s'ouvraient directement sur la plage au rez-de-chaussée. Après sa destruction, une terrasse l'avait remplacée et l'architecte Robert Mallet-Stevens avait retravaillé le vaste volume du hall, totalement symétrique. Cinq fenêtres, aux très hautes arcatures largement arrondies, laissaient entrer à flots cette lumière si particulière du bord de mer, comme adoucie par l'humidité en suspension. Cette clarté se reflétait largement dans les miroirs, de part et d'autre de la vaste salle au plafond soutenu par des colonnes, au sol couvert d'un carrelage géométrique, et aux murs ornés d'une frise de style art nouveau. Les meubles — fauteuils bas, tables un peu massives, vasques accueillant un éclairage artificiel très tamisé — reprenaient les formes courbes des arcatures.

Après avoir ouvert à Trouville, en 1963, le cycle de Lol V. Stein développé ensuite dans la solitude de Neauphle, Marguerite Duras l'avait refermé sur la côte normande, en 1973, en filmant *la Femme du Gange*, dernier texte situé à S. Thala. Elle avait tourné sur la plage devant l'hôtel et dans le hall dont l'agencement semblait avoir été prévu par elle et pour elle : pour que le regard de ses personnages se perde dans l'infini de la mer à travers la majesté des baies, pour que la marche incessante de ces hommes et de ces femmes, dont l'existence semblait tenir toute entière dans cette « déambulation dans les sables, déambulation pure, animale », trouve un point de départ et de retour dans un lieu exceptionnel mais accessible, sinon à tous,

du moins à beaucoup. Cette vaste étendue commune, aux dimensions démultipliées par des vitres ou des miroirs était un intérieur tout entier tourné vers le dehors, vers la mer, vers les vastes étendues sableuses et non vers la ville dense, ramassée sur les pentes de la colline ressentie comme hostile, dangereuse.

Pendant une dizaine d'années, Marguerite Duras n'était pratiquement pas revenue dans la cité balnéaire où elle ne connaissait personne et où sa solitude était plus grande encore que dans le petit village de Neauphle. Elle louait même l'appartement certains étés pour en payer les frais ou le laissait à son fils et à ses amis qui aimaient la mer pour la baignade, la pêche, le soleil, ces fêtes du corps dont elle s'éloignait peu à peu. Elle ne nageait plus que très rarement et en fin de journée. La mer ne valait plus pour elle que par le perpétuel recommencement de son mouvement, rythmant l'éternité du temps, par le caractère illimité de son espace et par la lumière qui circule sur ses bords, traversant la brume, absorbée, réfractée, animée de lueurs, grises, bleutées ou dorées.

Ce n'est qu'à partir de l'été 1979 que Marguerite Duras était revenue régulièrement à Trouville. L'année précédente, elle avait tourné — dans une salle de Neauphle-le-Château — *le Navire night,* film qu'elle considérait comme un échec. Elle avait alors retrouvé le désir d'une écriture directement vouée au livre : depuis presque dix ans, elle écrivait des textes destinés indifféremment à l'interprétation théâtrale ou cinématographique ou à la lecture silencieuse. Revenant à ce qu'elle considérait comme le « pays natal » de l'écriture, elle éprouvait le besoin de changer de lieu : elle repartait vers la mer. C'est à Trouville, pendant l'été 1979 qu'ont été écrits les *Aurélia Steiner*, à partir d'un point de départ très mince, « quelques mots sur l'état de la mer un certain matin en août 79. L'eau [jouait] un très grand rôle dans les quatre films » : malgré son apparente résolution de renoncer au cinéma et s'en tenir au livre, elle avait immédiatement donné à ses textes une forme cinématographique.

Tournant le dos au large et à toute possibilité d'aventure autre qu'intérieure, sa caméra remontait la Seine. Elle filmait le fleuve à Paris. Dans la série de ces images tournées durant l'été 1979, elle révélait vraiment les paysages parisiens, que ce soit dans le travelling le long des Tuileries qui semblait caresser une statue de Maillol, à la fin de *Césarée*, ou dans les plans où la lumière glissait sur la pierre des ponts dans *Aurélia Steiner (Melbourne)*, comme si de passer désormais de longs moments à Trouville, tout entière tournée vers l'extérieur, modifiait son regard sur les lieux qu'elle fréquentait le plus assidûment depuis quarante ans. Elle filmait d'une péniche qui remontait la Seine. La caméra rasait les berges, montrait l'intime fusion de l'eau et de la pierre, captait Notre-Dame enveloppée d'une brume diffuse, cependant que le spectateur entendait un texte à la première personne, lu par Marguerite Duras elle-même : des lettres écrites par une jeune fille de dix-huit ans, Aurélia Steiner, juive réfugiée à Melbourne et hantée par le souvenir des camps. Marguerite Duras redécouvrait Paris en été, quand « le fleuve apparaît dans sa pleine beauté, avec ses ombrages, ses jardins, les grandes avenues qui en partent ou qui le longent, les pentes des collines douces qui surplombent de partout »[47] : à Paris, les collines plongeaient dans le vide du fleuve, à Trouville elles surplombaient l'espace vide de la mer.

C'est à Trouville qu'avaient resurgi pour elle les cavernes noires de l'humanité, les grottes au creux de la mer et de la terre, la transparence des ciels chargés des menaces nuageuses et le gouffre noir de l'ensevelissement des juifs, des origines d'Aurélia Steiner. L'infini de la mer la reportait vers des zones illimitées : « les murailles des premiers âges », le génocide juif, et « la dimension de l'absence absolue d'un possible de Dieu ». Pour le second film intitulé *Aurélia Steiner (Vancouver)*, la caméra quittait Paris et s'attardait sur les roches noires découvertes à marée basse. Elle fixait les plots noirs s'accrochant sur les fonds envasés. Elle courait sur les ciels gris. Elle s'immobilisait sur les troncs d'arbre amassés, tas de bois empilés, en attente de transport, dans la gare désertée de Honfleur : dans la suggestion du texte lu par Marguerite Duras, c'est la gare d'Auschwitz qui apparaissait alors aux yeux du spectateur, détourné de la réalité présentée à l'image par la pression du texte. « Je veux donner très peu à voir, affirmait Marguerite Duras. Beaucoup moins qu'à penser, qu'à entendre ». Le texte qui semblait couler de l'écran au fil des images rassemblait d'autres lettres écrites par Aurélia Steiner, réfugiée cette fois à Vancouver, juive de dix-huit ans, aux yeux bleus et aux cheveux noirs, dont le père était mort, pendu, dans le rectangle blanc de la mort : la cour d'Auschwitz.

Ces lettres, Marguerite Duras les adressait à un jeune homme de son entourage, vers lequel s'envolaient des désirs d'amour dont elle n'espérait aucun retour. La chambre où écrivait Aurélia Steiner était celle de Marguerite Duras, première pièce à droite de l'entrée, dans cet appartement de Trouville apparu de manière fugace à l'écran dans *Aurélia Steiner (Vancouver)* où deux plans s'attardaient sur une fenêtre couverte d'un rideau de dentelle et sur un vase de roses.

L'univers découvert en ouvrant la porte 105, au premier étage de l'hôtel des Roches noires, portait indubitablement la marque de sa propriétaire. Les lumières y étaient tamisées par des petits carrés de dentelle. Des pièces de tissu ajouré parcouraient horizontalement les fenêtres, à hauteur de regard. Des coquillages formaient des compositions dans des coupelles de verre. Les colliers s'échappaient le long des murs en forme de chapelet. Les commodes de bois blond étaient de facture ancienne et au bord des fenêtres étaient alignés des vases aux formes baroques, remplis de fleurs séchées. Le canapé et le fauteuil en osier de la salle de séjour étaient couverts de coussins et au coin des cadres et des miroirs ou sous le verre du meuble de l'entrée, étaient glissés des photographies, des cartons d'invitation, des adresses de fournisseurs. Mais ici, les images appartenaient directement à l'univers de Trouville, cartes postales anciennes ou modernes de la station balnéaire, carte Michelin de la région et même, accrochée au mur dans la chambre de Marguerite Duras, une incroyable assiette bleue, dont le fond peint représentait une vue ancienne du port de Trouville et dont les couleurs évoquaient les chromos les plus kitsch. Rien ici ne rappelait l'Indochine, la mère, les frères, le poids du passé. Tout était résolument inscrit dans un présent marqué du nom imaginaire de Steiner. C'est ici qu'était arrivé, en juillet 1980, l'événement attendu des étés durant, qui allait bouleverser son existence : l'arrivée de celui que Marguerite Duras surnommera Yann Andréa, et même Yann Andréa Steiner.

Parmi les lieux habités par Marguerite Duras, celui-ci apparaissait de dimension modeste : deux chambres, une salle de bains et une salle de séjour. Tout était minuscule dans la kitchenette qui communiquait avec la salle commune par une ouverture permettant de passer les plats. Le grand placard contenant la réserve des produits indispensables sans lesquels Marguerite Duras ne savait pas vivre — l'huile, la javel, les boîtes de tomates pelées, les ampoules électriques et le savon de Marseille, le *nuoc man* et les filtres papier pour le café — était relégué dans l'entrée. Elle déjeunait souvent dans des brasseries, des salons de thé dont elle gardait le numéro de téléphone affiché dans la cuisine.

L'agencement de cet appartement rendait impossible le mode de vie adopté rue Saint-Benoît ou à Neauphle, avec ses alternances de périodes largement communautaires et ses moments de grande solitude. Comment aurait-elle pu vivre — et surtout écrire — dans cet espace réduit, entourée d'un groupe d'amis bruyants. Elle avait gardé l'habitude de prêter souvent l'appartement comme en témoignent les consignes données « aux amis en partant », liste pendue à un crochet de la cuisine. Elle accueillait toujours les visiteurs, ayant même acquis dans l'hôtel une autre chambre pour les

loger. Les bons repas, les longs fous rires, les chahuts sur le balcon qui affolaient les autres habitants de l'hôtel animaient souvent ses séjours. Mais c'était un lieu qu'elle ne pouvait partager qu'avec un seul.

Cet appartement n'a pas été un lieu de solitude. Sa chambre, la plus grande, celle qui tournait le dos à la mer, était aussi la plus claire. Son lit, aussi étroit qu'à Paris ou à Neauphle, était placé dans un coin, à l'entrée de la chambre. Deux bureaux se faisaient face entre les deux fenêtres : une table plus grande et une autre plus petite, bois clair, bois foncé, l'une moderne et fonctionnelle, l'autre ancienne et aux pieds tournés. Sur le plateau le plus vaste, un buvard restait posé, avec une tache d'encre, signe de l'utilisation d'un stylo. Une lampe en verre bleu transparent était couverte d'une pièce de tissu ancien et brodé. Sur les côtés, posés sur une table et un banc, papiers, livres, pierres ponces roulées par la mer avaient été amoncelés. Se faisant face, de part et d'autre des deux tables accolées, deux chaises identiques marquaient le symbole du travail partagé. Trouville a été également le lieu de l'amour retrouvé.

Pendant que Marguerite Duras adressait, en pure perte affective et en forte tension littéraire, les lettres d'Aurélia Steiner à un jeune homme qui la fuyait aux quatre coins du monde, un jeune étudiant de Caen, qui l'avait rencontrée au cours d'une projection d'*India Song*, lui envoyait régulièrement des missives brèves ou longues, où il exprimait son admiration absolue pour son œuvre. Il lui adressait aussi parfois des poèmes que lui-même écrivait. Elle laissait le plus souvent ces lettres sans réponse. Mais au début de l'été 1980, elle lui avait écrit, lui disant avoir pensé à lui en rédigeant le deuxième *Aurélia Steiner*. Il lui avait téléphoné. Il était venu. Il avait tapé à la porte de l'appartement des Roches noires, à onze heures du matin, au début du mois de juillet. « On a parlé, comme toujours on fait, de ce fait considérable, écrire. Des livres et des livres encore »[48]. Le soir venu, il était allé faire des courses « un poulet froid, une boîte de crème de marrons, de la crème fraîche pour manger avec, des gâteaux et du fromage et du pain », les nourritures de cet été là et surtout une bouteille de vin. Elle lui avait ouvert la chambre de son fils, celle qui donne sur la mer. Yann Andréa n'était jamais reparti, définitivement ancré dans la vie de Marguerite Duras.

C'est dans *l'Été 80* que Marguerite Duras a fait allusion à l'arrivée de Yann Andréa. Pour la première fois de son existence, l'été, saison maudite, avait tenu ses promesses. Elle avait passé cette saison à guetter l'évolution de la grève du chantier polonais de Gdansk où elle voyait l'expression de « l'exigence fondamentale de l'homme ». Relu au cours de l'été 1997, dont les exagérations climatiques semblaient suivre l'évolution des ciels et de la température décrite par Marguerite Duras en 1990 — froid et pluie des premières semaines, puis canicule étouffante entrecoupée d'orages dévastateurs —, ce recueil de chroniques rédigées pour *Libération* procurait un certain vertige : le monde avait changé mais certaines analyses paraissaient rédigées pour commenter l'actualité du jour.

En 1997, on n'enterrait plus le shah d'Iran mais Lady D. Les rapports entre le capitalisme et le communisme avaient été bouleversés et Lech Walesa était désormais un « ex-président de la république ». L'optimisme de Gdansk semblait faire partie des rêves impitoyablement déçus : « la force malfaisante de l'homme consacrée au mal peut être détournée, servir autrement »[49]. Les victimes d'attentats terroristes ne tombaient plus à la gare de Bologne, mais dans d'autres villes européennes, et en Algérie on mourait en masse sous le couteau. « Que l'attentat soit de gauche ou de droite, écrivait Marguerite Duras de sa table d'écriture de Trouville à propos de Bologne, cela m'est totalement indifférent. [...] Je vois que ce sont les mêmes gens qui accomplissent ces crimes, qu'ils ont tous pareillement au départ ce goût profond, inaltérable, de tuer. Que c'est après l'assouvissement de cette passion de tuer qu'ils opèrent cette discrimination dite plus haut, et cela par goût du paraître, qu'ils se choisissent des sigles, des appellations commerciales de commerçants véreux trouvées dans les vieilles B.D. Il faudrait bien sûr que la police aille voir à l'intérieur de son propre corps quelles sont les vraies cautions, qu'elle aille voir aussi dans ces arrière-politiques apparemment insoupçonnables, là où l'argent est donné aux réseaux »[50]. La famine ne se limite plus, en 1997, à l'Ouganda, et l'Afrique est désormais parcourue par des vagues de populations écrasées, tuées, déplacées, sans abri ni pays. « Ceux-ci, cette fois, écrivait-elle déjà, sont encore plus en avance que les autres dans le dernier voyage de la terre vers sa stérilité définitive, cet effacement peu à peu de la pellicule de vie qui la recouvre. On sait que cela commencera par la raréfaction des eaux, puis par celle des plantes, des animaux, et puis que cela finira tout à fait avec une douce et tendre désespérance de toute l'humanité restante, que j'appelle le bonheur »[51].

Devant son balcon, à l'hôtel des Roches noires, au mois de septembre 1997, un enfant, fermement tenu par la main par une jeune fille, descendait, avec sa pelle et son seau, la rampe conduisant à la plage et portant désormais le nom « d'Escalier Marguerite Duras » : « Oh la mer, s'était-il exclamé, vite on y va ! Et tu me raconteras l'histoire, dis ! Celle où les Bandrums envahissent le royaume de la mer... » La jeune fille aurait alors pu commencer le récit, bien plus calme et poétique, des aventures du requin Ratékétatoum et du petit David, celui qu'une monitrice de dix-huit ans racontait, dans *l'Été 80,* à un enfant aux yeux gris « Gris. Comme l'orage, la pierre, le ciel du Nord, la mer, l'intelligence immanente de la matière, de la vie. Gris comme la pensée. Le temps. Les siècles passés et à venir confondus. Gris »[52], dans la permanence d'un amour impossible à l'image de celui qui venait de se sceller dans l'appartement de Trouville, proclamant la fin d'une impossibilité plus absolue encore, celle d'une existence en dehors de la réalité quotidienne de l'amour, cet amour que lui apportait désormais Yann Andréa.

Très vite, Marguerite Duras avait demandé à son compagnon de taper ses textes directement, sous sa dictée. Ils travaillaient ainsi dans la chambre ou, plus fréquemment, dans la salle de séjour. Elle s'installait à la table ovale ancienne, au plateau couleur de miel, près de la porte. Il posait sa machine sur une petite table carrée en bois foncée, à quelques pas d'elle. De cette pièce ils entendaient le bruit de la mer, les cris des enfants sur la plage et ils pouvaient sortir sur le balcon, pour observer le mouvement des vagues et les allées et venues des colonies de vacances. Leur relation s'était ainsi établie autour de l'écrit, au cœur de la chambre noire de l'écriture. Yann Andréa avait commencé par reprendre les articles éparpillés dans des revues pour les publier en volume, dans *Outside*, puis il avait dactylographié ses textes, même ceux qui le concernait de la manière la plus douloureuse et personnelle, *la Maladie de la mort* ou *Yeux bleus cheveux noirs*.

Il était surtout celui qui avait une perception intime de ce regard à la fois profond et distant que Marguerite Duras portait sur les gens et les choses, de ce travail intérieur qu'elle plaçait au cœur de l'écrit et qui lui permettait de savoir ce que les autres ne perçoivent pas. Elle le considérait comme un écrivain même si, depuis qu'il l'avait rencontré, il était incapable d'écrire. Elle aimait que l'on note, que l'on garde les paroles qui lui venaient dans le courant de la conversation, même dans les situations les plus ordinaires de la vie. Il avait pris l'habitude d'être ce scribe qu'elle souhaitait voir à ses côtés. Et lorsqu'elle se retrouvait empêchée d'écrire, pendant la cure de désintoxication qui l'avait tenue plusieurs semaines dans le délire et la semi-conscience à l'hôpital américain, il avait pris le relais. Il avait écrit le récit de ce long arrachement à l'alcool, dans un texte, *M.D.*, signé de son nom, Yann Andréa, mais qu'elle s'appropriera parfois, le citant parmi les titres de ses livres à elle. Jusqu'à la fin, jusqu'à l'ultime *C'est tout*, il notera ainsi ses paroles, les derniers sursauts de son désir d'écrire, de ne jamais sortir de la chambre noire de l'écrit, même lorsque le stylo, à jamais, lui aura échappé.

Cette chambre noire des dernières années elle la situait au bord de la mer, comme celle de Trouville, dans ce lieu initial et central de leur amour, même s'ils passaient l'hiver rue Saint-Benoît et de longs moments à Neauphle-le-Château. C'était la chambre de *la Maladie de la mort*, de la maladie de l'amour dont l'homme, un jeune homosexuel, n'était sans doute pas seul atteint. Dans cette chambre la jeune femme se laissait aimer et, entre chaque acte d'amour, elle dormait. « Corps endormi : objet privé du contrôle de soi — fantasme érotique du corps offert, ou objet comique... Sommeil profond, sommeil du rêve, où le corps du rêveur est à la merci des attaques »[53], décrit Jacqueline Risset en parlant d'autres sommeils qui sont des bonheurs, des moments riches, où le rêve apparaît comme un bienfait.

Marguerite Duras refusait ce sommeil du don et de l'abandon. Elle niait tout pouvoir au rêve. À plusieurs reprises elle avait affirmé — à l'encontre de toutes les théories scientifiques — ne jamais rêver. En s'endormant, la femme de *la Maladie de la mort* ne se donne pas, elle s'abstrait, s'absente. En refusant le rêve, Marguerite Duras prétendait maintenir le pouvoir de la conscience au moment même où elle disait l'abandonner. « Le rythme de la phrase détient le secret du rythme de tout ce qu'on appelle « roman » — qui est machine à capter

l'imaginaire et tout ce qui affleure de l'inconscient, écrit encore Jacqueline Risset. C'est-à-dire à entrer dans ce temps secrètement rythmé et glissant du sommeil d'où le rêve d'un moment à l'autre va pouvoir surgir »[54]. En se maintenant au bord du rêve, au bord de ce qui aurait pu la guider au-delà de sa volonté, dans un univers qu'elle ne maîtrisait pas, Marguerite Duras acceptait, et même réclamait, l'abolition de la raison — dans l'amour comme dans l'écriture qui lui était si étroitement liée — mais rejetait ce qui aurait pu apparaître, malgré elle, au-delà de l'obscur et faire image dans un monde où, selon Jacqueline Risset, « le dormeur-rêveur... est occupé à l'invention de sa vie », renonçant à cette souveraineté absolue que Marguerite Duras prétendait, elle, exercer en toute circonstance. « Le malheur de ma mère a occupé le lieu du rêve », expliquait-elle dans *l'Amant*. Peut-être la hantise et la peur des cauchemars, des visions issues des périodes de folie et de maladie alcoolique, avaient-elles aboli chez elle toute éventualité, ou même toute possibilité d'une douceur venue de ce monde du rêve que Gérard de Nerval considérait comme une « autre vie ».

Dans le sommeil, la femme de *la Maladie de la mort* s'était mise en suspens, à l'écart, comme Emily Dickinson dans ses poèmes. La figure de cette jeune femme, écrivain de la Nouvelle Angleterre puritaine, était apparue dans l'univers de

Marguerite Duras pendant l'été 1986, lors d'une de ses promenades avec Yann Andréa à Quillebœuf. Emily Dickinson avait toujours vécu, de 1830 à sa mort, dans la maison de son père, vêtue de blanc dans une chambre remplie de fleurs, cuisant le pain de sa famille, s'occupant du jardin et regardant de sa fenêtre le spectacle d'un paisible village du Massachusetts, « comme si, toute communion lui ayant été refusée — aussi bien celle qui lie les êtres entre eux que celle qui se matérialise dans l'union avec le divin —, elle n'avait eu recours que dans une liturgie privée, dont les poèmes sont en quelque sorte les minutes : hors de tout don, au besoin, dans les lettres, par la comparution devant un « maître » imaginaire, et, dans les poèmes, par le questionnement d'une impassibilité divine qui ne peut que relancer le jeu de l'incertitude et de l'angoisse »[55]. C'est de cette femme dont Marguerite Duras a fait le personnage central d'*Emily L.* Elle a modifié totalement les circonstances, inventant en particulier le fait qu'un de ses poèmes aurait été détruit, celui où elle parlait de la lumière de l'hiver, l'après-midi,

> *Céleste blessure infligée*
> *De cicatrice, nulle trace,*
> *Mais une différence interne*
> *Au sein des significations.*[56]

Depuis le jour où, jeune fille à peine femme, Marguerite Duras avait été mise sur un bateau pour la France, séparée de sa famille, de l'amant chinois et du pays qu'elle avait toujours connu, elle était accablée par « la fixité quasi mathématique de cette séparation entre les gens »[57]. Ce nouvel amour, ce dernier amour pour Yann Andréa — aussi fort et riche qu'il eût été en bonheurs quotidiens, en résonances dans l'imaginaire et en désir de vie — n'abolissait pas la différence profonde entre l'homme et la femme, entre deux êtres humains, à laquelle Marguerite Duras ne s'était jamais résignée. Il s'agissait d'une de ces passions impossibles telles qu'elle les avait toujours vécues et qui durera jusqu'au dernier jour, malgré la violence et les cris, les excès et la souffrance des départs.

Au fil du temps, Trouville restait le lieu bénéfique où Marguerite Duras oubliait ses difficultés physiques, après la cure de 1983 et surtout après le long coma de 1989 : « Seule je ne peux pas sortir, c'est impossible. Dehors je ne peux pas marcher longtemps. Dehors je respire mal. Dans les couloirs intérieurs de l'hôtel des Roches noires, sombres et vides, je respire bien, je marche bien. [...] Ici, la mer protège de l'étouffement, de l'ensevelissement de la ville »[58]. Son environnement s'élargissait bien au-delà de Trouville, par de longues promenades dans la voiture conduite par

Yann Andréa, vers l'intérieur des terres ou en remontant le long de l'estuaire de la Seine jusqu'à Quillebœuf. De cimetières de villages en forêts, de rives de fleuve en arrêts ritualisés dans des cafés dont elle connaissait tous les propriétaires, c'étaient ses propres obsessions qu'elle traquait. Elle interprétait le moindre fait divers comme le récit tragique d'une femme violente et malheureuse, responsable de la mort de son enfant (elle découvrait d'autres affaires Villemin dans les gazettes de la côte normande). À partir d'une simple pierre blanche dressée sur une tombe de cailloux, dans l'enclos de l'église de Vauville, sur laquelle étaient uniquement mentionnés un matricule (5393348) un nom (W.J. Cliffe) un régiment (the Oxfordshire and Buckinghamshire light inf. air-born) et une date (22nd August 1944, age 20), elle construisait le récit de « la mort du jeune aviateur anglais ».

À Paris, elle se promenait aussi en voiture, mais de la grande ville elle disait ne plus pouvoir supporter que les marges, les zones déshéritées comme celle de Vitry-sur-Seine où elle situait *la Pluie d'été* et dès que le temps redevenait beau, elle repartait pour plusieurs mois au bord de la mer.

C'est de Trouville qu'elle m'avait un jour téléphoné, au cours de l'été 1990. Nous venions d'être en contact — seule période où je l'ai un peu fréquentée — pour le dossier que le *Magazine littéraire* venait de lui consacrer. Lorsque sa voix avait retenti, brutalement, sur mon lieu de travail d'alors — grande pièce ouverte au public et, en ce début d'été, largement inondée de lumière — je l'avais tout de suite reconnue, bien que, dans sa colère, elle ne se fût pas présentée : « Est-ce vous, Aliette Armel, qui avez écrit « Marguerite Duras, cette vieille femme de soixante-seize ans » ? » J'avais du mal à comprendre. J'étais tremblante, bafouillante, glacée par la peur, cette peur qui se livrait ici à nu : elle qui avait écrit et parlé à voix si haute de « la splendeur de l'âge » à propos de la vieille dame de son film *le Camion*, ne pouvait supporter de voir son âge énoncé comme une évidence. Personne certainement n'avait accolé cette expression, « vieille femme », à la mention de son âge que, par ailleurs, je n'avais pas moi-même cité. J'en avais la certitude car je découvrais, à son appel, que je n'avais jamais fait ce calcul d'une rigueur arithmétique implacable : 1990 moins 1914 égale 76. Quelque chose à travers mes maigres paroles l'avait convaincue de mon innocence. « Si ce n'est pas vous, ça doit être N*** » (une autre journaliste, qui en même temps que moi, travaillait à un entretien pour un autre support). Elle allait chercher ailleurs la coupable dont elle avait besoin. Je demeurais néanmoins pétrifiée. Elle venait d'exprimer devant moi qu'elle ressentait son âge comme une douleur, supportable uniquement dans la mesure où elle, et elle seule, par la force magique de son écriture lui donnait une valeur mythique et détournait la réalité en légende. Sous la plume de quelqu'un d'autre l'évidence de ses soixante-seize ans résonnait dans sa tête et son corps comme une injure, une menace contre son désir de vivre, d'écrire, d'aimer. Elle n'était pas épargnée par la hantise de ce mot « fin » qui pèse sur la vie de l'homme. Elle tentait de détourner cette angoisse dans l'écrit, le rire, l'anathème, mais elle en était parfois envahie par bouffées. « Vous savez comme nous sommes, avait-elle écrit, dans quel trouble de nos esprits, dans quel oubli, toujours, de toute raison, comment nous sommes toujours prêts à rejoindre la caverne noire de notre peur des loups »[59]. Cet après-midi là, elle m'abandonna seule face à mes propres loups, dans la lumière blanche de l'été.

La trace des préoccupations de cet été 1990 est toujours présente dans son appartement de Trouville. Elle était alors en conflit ouvert avec Jean-Jacques Annaud. Sur une des tables de sa chambre, chargée de manuscrits, d'épreuves corrigées, se trouvait encore, au sommet d'une pile, le découpage du film tel que l'avait prévu le cinéaste et qui avait suscité sa vindicte et sa fureur. Elle avait bientôt détourné sa colère en revenant à l'écriture d'un livre, le « livre libre du cinéma », *l'Amant de la*

Chine du Nord, dernier retour vers l'Indochine et les eaux lentes du Siam qu'elle voyait resurgir dans les fonds envasés du chenal, l'aspect lagunaire de certaines côtes au nord de Trouville.

Dans les dernières années, tous les lieux, plus que jamais, se mêlaient : l'estuaire du Mekong rencontrait celui de la Seine, la forêt du Siam se confondait avec celles de Brotonne ou de Rambouillet, les chambres de l'écrit étaient enfouies dans une commune obscurité intérieure que troublait seulement la pâle clarté d'une petite lampe et Marguerite Duras veillait, attendant Yann Andréa à Trouville, à Neauphle ou à Paris. Il n'y avait plus qu'un seul univers : celui de Marguerite Duras, qu'elle avait construit, aménagé, bâti, autour de la mémoire indochinoise et dans l'ancrage profond à l'intérieur de deux appartements et d'une maison où les moindres gestes prenaient une portée mythique, où le jardin devenait parc et où l'amour s'était obstiné à ne pas défleurir.

★

★ ★

Nous avons ainsi passé tout un été, cette saison qu'elle s'obstinait à considérer comme « menteuse, indécise, affreuse, sans nom »[60], entre la rue Saint-Benoît, Neauphle-le-Château et l'hôtel des Roches noires. Dès que notre quête de ses

maisons a été accomplie, l'hiver est venu, sans l'habituelle transition de l'automne. Nous avons assisté à ce passage brutal dans une autre maison ancestrale, ouverte sur un autre jardin aux allures de parc longeant un autre cours d'eau : du soir au matin, dans le bref espace d'une première nuit de gel, les feuilles pourpres du vinaigrier étaient tombées, le parterre de fleurs nommées « cannas » avait noirci, brûlé par le froid, et la lumière s'était faite plus terne, plus discrète, rasant la pelouse qu'elle inondait encore la veille. L'eau du cours d'eau était devenue noire. Nous avons alors pensé au spectacle que devait offrir, ce matin là, le jardin de Neauphle-le-Château, avec le saule jauni dont les branches descendent jusqu'à l'étang recouvert de feuilles, ses rosiers brutalement saisis par le gel et l'herbe parsemée de minuscules cristaux blancs. Dans notre rêve éveillé, un corbeau était venu se poser sur la terrasse et la lumière douce passait par la porte-fenêtre de la salle à manger, sous les brassées de lavande qui avaient depuis longtemps perdu leur parfum. À Neauphle, le jour se levait sur la table d'écriture sur laquelle la lampe couverte de dentelle était restée allumée toute la nuit.

Dans le jardin de l'autre maison, celle où nous nous trouvions à l'orée de l'hiver, les choucas avaient envahi la pelouse. La nuée noire et croassante était descendue de la tour du château surplombant la maison, au-delà du cours d'eau. Les oiseaux extirpaient des vers de la terre gorgée d'humidité après la pluie de la nuit. La rouille avait très légèrement accentué sa progression le long des barreaux de la serre que le bris de ses verres livrait aux assauts du vent mauvais. Les dernières pensées mauves et jaunes se recroquevillaient dans les parterres de terre sableuse.

Dans les pays du Nord l'arrivée de l'hiver est redoutée, provoque crainte et effroi. L'humide et le froid peuvent ici être mortels. À quelques kilomètres de la maison, au cœur du marais, à la saison dite « mauvaise », les hommes et les femmes résistent aux attaques de l'eau, des vents glacés, du ciel bouleversé et changeant. Au début de ce siècle encore, ils restaient alors tapis au creux de leurs bourrines, ces maisons de terre couvertes de roseaux, dont ils maintenaient la cheminée fumante, isolés par l'invasion des eaux parcourues par quelques yoles, leurs barques à fond plat. L'hiver ramenait les hommes à l'abri des murs.

La veille encore nous nous tenions sur le balcon. Au matin de la première gelée, la porte-fenêtre de la grande pièce centrale était restée close. Le soleil blanc de ce début d'hiver entrait de l'autre côté de la salle, par la fenêtre à l'est, que des rideaux de dentelle protégeaient des regards de la rue. Les rayons du soleil tombaient sur le granit gris clair de la cheminée : au soir, nous y ferions du feu, pour la beauté des flammes rouges et or, pour la lumière, pour la chaleur du foyer. Le piano resterait muet : les partitions venues du grand-père qui tenait l'harmonium à l'église s'étaient empoussiérées. La lourde table de bois foncé aux pieds chantournés, posée sur le carrelage aux grands carreaux noirs et blancs, entourée par les fauteuils couverts de tapisseries fleuries, demeurait prête à accueillir les amis et les visiteurs. C'était sur la grande table des repas, à côté de la porte-fenêtre, face au jardin, que nous avions installé notre matériel d'écriture, livres, papiers, carnets, cahiers. Nous écrivions face au miroir entouré d'un cadre en bois doré, près de la tapisserie de la grand-mère au petit point, sous le regard de la mère photographiée encore enfant et du couple frère et sœur en maraîchins.

Nous avions étalé sur la table des lettres, seules traces du récit d'un événement dramatique qui avait endeuillé cette maison, de longues années auparavant. Nous en profitions pour compléter l'arbre généalogique. J'accompagnais dans cette quête l'hôte des lieux. Il cherchait à trouver des traces de lui-même dans l'exploration de ce passé, de ces racines léguées en même temps que la maison. Il tentait de rendre aux pierres leur chaleur d'autrefois pour pouvoir ensuite transformer la maison des morts en lieu de sa propre vie. D'être « sans feu ni lieu » oblige à créer sa propre foi et sa propre loi. Accepter un héritage aussi chargé d'histoires que les murs d'une demeure représente un danger pour celui qui s'enracinerait sans chercher à porter d'autres fruits que ceux qui lui ont été prescrits.

L'homme qui vit ici au présent, retournait le fond des tiroirs, fouillait « l'ombre interne » de cette maison, il y retrouvait d'irremplaçables saveurs d'enfance, mais il y découvrait aussi des secrets auxquels il n'était pas étranger et la mémoire d'êtres complexes à la vie parfois mouvementée à travers son calme apparent. Entre les pierres des murs, au creux des lits, s'étaient noués bien des destins qui y avaient laissé leur empreinte — autant que le temps, les guerres ou simplement les intempéries dont il faut effacer régulièrement les attaques contre les peintures, les fenêtres, ou les barreaux de la serre.

La maison est comme un corps vivant, dont il faut prendre soin. Elle est également l'enveloppe d'autres corps : la succession des générations représente le passage d'une multitude de corps dans l'espace vivant de la maison, territoire clos et protecteur, où tout est organisé en fonction du quotidien. Lorsque Michel-Ange représente la *Sainte famille* — emblème de ce noyau fondamental, le père, la mère et l'enfant, occupants privilégiés de la maison — il la peint sur une toile en forme circulaire, connue sous le nom de *Tondo Doni*. Le père, la mère et l'enfant occupent le centre de la toile, dans une composition architecturale qui met en valeur l'harmonie, la beauté et le mouvement des corps dans des gestes à la fois forts et pleins de douceur : la Vierge élève l'enfant au-dessus d'elle. Il repose à la fois sur son épaule et sur le genou de Joseph, dont le visage est au même niveau que celui de l'enfant. Le corps de Joseph enveloppe celui de sa femme et du bébé dont il est chargé. Rare dans les représentations de la Sainte-Famille — où c'est le plus souvent la Vierge qui est montrée comme protectrice, dominant la toile, ouvrant ses bras et les plis de son manteau — l'homme est ici celui qui soutient, qui veille, dont le corps enveloppe les autres corps comme l'abri d'une maison. Derrière eux, les ancêtres manifestent leur acceptation par leur simple présence : il s'agit d'une allégorie des temps passés, représentée par une frise de corps nus au repos mais pleins de vie, moins figés que parfois les images photographiques ornant les murs des maisons anciennes. Les ancêtres de Michel-Ange ne surveillent pas les vivants, ils ne quittent pas leur propre monde. Entre les morts et les vivants veille un petit ange, gardien. Sur le piano de la maison où nous nous trouvions l'ange était blanc, de cette sorte de porcelaine qui se nomme biscuit, au-dessous d'une photographie de la mère, accrochée là de son vivant.

Dans les maisons de Marguerite Duras, les images de la mère et plus rarement du père, mort trop jeune, étaient présentes sur tous les murs, mais à l'emplacement dont Marguerite Duras, elle et elle seule, avait décidé. Elle n'avait pas eu à accepter, puis à reprendre un héritage, à faire l'effort de redonner leur mouvement aux objets après un décès. Elle avait déclaré sacré, intangible, l'espace voué à chaque chose, mais elle avait regretté que Neauphle ne résonne d'aucune voix plus ancienne que la sienne et ne puisse ainsi donner à son entreprise le poids de l'histoire.

Dans les maisons de Marguerite Duras, l'homme n'était pas comme le Joseph de Michel-Ange : ce prénom de Joseph, dans *Un barrage contre le Pacifique*, désignait le frère maudit, cupide et violent, voleur d'héritage symbole du pouvoir masculin écrasant et destructeur. Marguerite Duras niait la présence de l'homme dans les maisons. Elle souffrait de l'inéluctable séparation entre les hommes et les femmes mais elle échouait à renouer l'alliance malgré la présence de Yann Andréa auprès d'elle, dans les dernières années de son existence.

La maison est le lieu de l'alliance. Van Eyck a laissé la première représentation d'un mariage bourgeois, celui des *Époux Arnolfini*. Il s'agissait d'une simple cérémonie privée, dont le peintre était un des deux témoins. Le geste de se prendre par la main, en se tenant debout, droits, côte à côte, face à la toile et donc désormais face à nous, suffisait à engager l'un à l'autre sans qu'il fût question d'éternité. Mais cette alliance était intimement liée à la maison où elle se nouait. Elle était marquée par le lieu qu'elle imprégnait en retour de sa marque. L'alliance entre deux êtres humains se scellait par le partage du lieu, dont ils prenaient soin ensemble, ainsi que de ceux qui s'y trouvaient accueillis. Le nomade a sa tente, sa yourte, le pêcheur sa cabane. Une maison qui ne résonne d'aucune alliance présente donne à la solitude une dimension insoutenable : « C'est dans une maison qu'on est seul, écrivait Marguerite Duras... Mais dans la maison, on est si seul qu'on en est égaré quelquefois. Ce que je peux dire c'est que la sorte de solitude de Neauphle a été faite par moi. Pour moi. Et que c'est seulement dans cette maison que je suis seule. Pour écrire... Cette solitude des premiers livres je l'ai gardée... La solitude, ça veut dire aussi : Ou la mort, ou le livre. Mais avant tout ça veut dire l'alcool... ».

Sur notre table il y allait avoir du vin pour accompagner le repas, et nous allions penser à elle, à ce verre, petit mais toujours plein, annonciateur de mort, qui la suivait partout dans sa solitude de Neauphle.

45. Avec Michel Piccoli et Lucinda Childs.

46. Cette femme, qu'elle avait aperçue durant son enfance, est devenue dans son œuvre Anne-Marie Stretter ou, parfois, Anna-Maria Guardi.

47. Marguerite Duras, *La vie matérielle, op. cit.*, p. 131.

48. Marguerite Duras, *Yann Andréa Steiner*, Paris, POL, 1992, p. 22.

49. Marguerite Duras, *L'été 80*, Paris, Éditions de minuit, 1980, p. 77.

50. Marguerite Duras, *L'été 80, op. cit.*, p. 49.

51. Marguerite Duras, *L'été 80, op. cit.*, p. 44.

52. Marguerite Duras, *Yann Andréa Steiner, op. cit.*, p. 51.

53. Jacqueline Risset, *Puissances du sommeil*, Paris, Seuil, 1997, p. 46.

54. Jacqueline Risset, *Puissances du sommeil, op. cit.*, p. 40.

55. Gilles Quinsat, « La main fantôme », *Le Nouveau recueil*, n° 37, décembre 1995-février 1996, p. 118-119.

56. *« Heavenly Hurt, it gives us —*
We can find no scar,
But internal difference,
Where the Meanings, are — »

57. Marguerite Duras, *Les Yeux verts*, Paris, Cahiers du Cinéma, 1987, p. 37.

58. Marguerite Duras, *La vie matérielle, op. cit.*, p. 121.

59. Marguerite Duras, *L'Été 80, op. cit.*, p. 72.

60. Marguerite Duras, *L'homme Atlantique*, Paris, Éditions de minuit, p. 28.

Remerciements

Tous nos remerciements vont d'abord à Jean Mascolo, qui a accueilli notre projet avec une grande générosité et qui nous a ouvert les appartements de la rue Saint-Benoît et de Trouville, ainsi que la maison de Neauphle-le-Château.

Merci également à Jean-Marc Turine et à Maurizio Ferrara.

Toute notre gratitude à Sylvie Germain, bonne fée qui a veillé sur ce livre, de ses origines à son présent achèvement.

TABLE DES MATIÈRES

CHRISTIAN PIROT

13, RUE MAURICE-ADRIEN
37540 SAINT-CYR-SUR-LOIRE
FRANCE

EXTRAIT
DU
CATALOGUE

« Les lieux que nous avons connus, *écrivait Proust, n'appartiennent pas qu'au monde de l'espace (...) Le souvenir d'une certaine image n'est que le regret d'un certain instant ; et les maisons, les routes, les avenues, sont fugitives, hélas ! comme les années »...*

La collection Maison d'écrivain ne propose pas de visites guidées dans des lieux privés d'âme, transformés en musées. Confiées à des écrivains d'aujourd'hui, et non à des érudits ou à des historiens, ces promenades fraternelles et rêveuses tentent de restituer les atmosphères sensibles qui baignèrent la naissance des œuvres. Les maisons d'écrivains sont avant tout des maisons de mots, et chaque titre de la collection nous convie à retrouver, à travers murs et jardins, la vérité charnelle des livres.

JEAN-MARIE LACLAVETINE

Jacques Lacarrière   ALAIN-FOURNIER

Alain-Fournier eut trois demeures, deux en Sologne, et une dans le Berry à Épineuil-le-Fleuriel où il passa son enfance. Celle-là fut la plus essentielle car en elle prirent naissance les souvenirs et les premières images de ce qui sera un jour Le Grand Meaulnes, *ce roman d'une adolescence berrichonne aux senteurs de Sologne. Photos de Pierre Schwartz et François Lagarde. Aquarelles de Line Sionneau. 96 pages. 2ᵉ édition.* ISBN : 2-86808-051-9.   85 FF

Marie-Thérèse Humbert   SACHÉ
OU LE NID DE COUCOU

Une bonne douzaine de séjours de Balzac à Saché — où il avait même sa chambre — ponctuent une existence de nomade. N'était-ce vraiment que pour la commodité d'être reçu et de pouvoir travailler en paix dans sa Touraine natale ? Quel charme occulte le ramenait donc à Saché ? Photos de Pierre Schwartz et François Lagarde. Aquarelles de Line Sionneau. 144 pages. ISBN : 2-86808-052-7.   89 FF

Jean Joubert   RONSARD

La Possonnière, Saint-Cosme. Ronsard, prince des poètes, naquit en Vendômois et mourut en Touraine. Les maisons qu'il habita conservent l'empreinte de ce que furent sa vie et sa poésie : la Possonnière à Couture, le prieuré de Saint-Cosme près de Tours, ainsi que les prieurés de Croiseval et de Saint-Gilles, autant de lieux de paix et de tranquillité où son désir de créer trouva liberté et audace pour cultiver l'amour de la beauté et partager les mots du bonheur. Photos de Pierre Schwartz et François Lagarde. Aquarelles de Line Sionneau. 120 pages. ISBN : 2-86808-038-3.   89 FF

Diane de Margerie MARCEL PROUST

Marcel et Léonie. Le couple dont je parle ici allie l'auteur (Marcel Proust) à son personnage (« Tante Léonie ») dans l'emmêlement de la réalité et de la fiction. Mais quelle alliance plus forte que celle de Michelet avec la Sorcière, de Gustave Flaubert avec Emma, d'Émily Brontë avec Heathcliff ou de Pierre Jean Jouve avec Paulina ? Quelles maisons, quels lieux plus empreints de vérité que ceux où se vivent leurs liens ? Photos de Pierre Schwartz et François Lagarde. Aquarelles de Line Sionneau.
128 pages. ISBN : 2-86808-060-2.   89 FF

Jean-Marie Laclavetine RABELAIS

La Devinière ou le havre perdu. Rabelais n'a séjourné à la Devinière que le temps d'en concevoir une nostalgie violente, définitive. La douleur de l'arrachement à ce petit coin de terre utopique donne à l'œuvre son parfum, son alcool. La maisonnette, avec ses trois rangs de vigne, est devenue par la grâce de l'écriture et de la mémoire le centre du cosmos pantagruélien, la Mecque des buveurs illustres et des vérolés très précieux. Photos de Pierre Schwartz et François Lagarde. Aquarelles de Line Sionneau.
128 pages. ISBN : 2-86808-065-0.   89 FF

Allain Glykos MONTESQUIEU

Hôte fugitif de La Brède. La Brède n'était pas l'unique demeure de Montesquieu, mais c'est ici qu'il venait chercher la sérénité, le craquement des feuilles, un rayon de soleil dans un rang de vigne, l'odeur des chais, l'ombre des carpes autour de son île. Tout cela aurait-il eu autant de charme sans Denise, sa fille ? Elle était son portrait, avec « la grâce en plus et l'âge en moins ». Une jeune fille discrète qui fut peut-être la seule à comprendre Montesquieu. Photos de Jean-Luc Chapin. Postface de Louis Desgraves.
152 pages. ISBN : 2-86808-082-0.   95 FF

Pierre de Boisdeffre PIERRE LOTI

Pierre Loti n'a pas été seulement un romancier fabuleux, lu dans le monde entier et un grand voyageur, qui a fait plusieurs fois le tour du monde, il a transformé sa maison de Rochefort en musée de l'exotisme et du Temps perdu, éternisé les vieilles maisons de bois d'Istanbul, le Pays basque et l'Île d'Oléron. Ces demeures — et aussi sa vie d'aventurier — revivent dans cet ouvrage substantiel que Pierre de Boisdeffre consacre à Pierre Loti. Photos de Michel Maumon et de la collection A. Sforza.
198 pages. ISBN : 2-86808-099-5. 110 FF

Jean-Claude Bourlès LOUIS GUILLOUX

Les maisons d'encre. *Plus le temps passe, plus je le visite, et plus je pense que ce pavillon de la rue Lavoisier, à Saint-Brieuc, n'est pas la vraie maison de Louis Guilloux. Le fait d'y avoir vécu plus de cinquante ans et écrit le plus important de son œuvre ne me satisfait pas. Sa maison est ailleurs. Dans la vie quotidienne, dans les rues de Saint-Brieuc. Dans les trains qui l'emmenèrent si souvent à Paris. À moins qu'elle ne soit, de façon définitive dans cette Maison du peuple qui, à vingt-huit ans, le révéla comme l'un des plus grands écrivains de ce siècle... Photos de Jean Hervoche.*
144 pages. ISBN : 2-86808-110-X. 110 FF

Philippe Le Guillou CHATEAUBRIAND

À Combourg. *Dans la légende de Chateaubriand, Combourg occupe une place déterminante. Ce n'est pourtant ni le lieu de naissance, ni un lieu d'écriture — à la différence de Saint-Malo ou de la Vallée aux Loups. Ce fut, biographiquement, le théâtre de quelques mois d'isolement sous la domination de M. de Chateaubriand père, et plus encore le bastion et le creuset d'une rêverie, d'une folie que l'on appela le romantisme. Philippe Le Guillou nous invite ici à une visite de ces lieux durs et enchantés, parmi les souvenirs et les émois de celui qui y trouva sa vocation d'écrivain, dans les pas du mystérieux revenant à la jambe de bois... Photographies de Jean Hervoche.*
152 pages. ISBN : 2-86808-111-8. 110 FF

Aliette Armel   MARGUERITE DURAS

Les trois lieux de l'écrit. *Marguerite Duras a souvent évoqué l'importance qu'elle attachait aux lieux : les maisons, la forêt, la mer. De la mythique Indochine de son enfance et de l'adolescence, il ne reste que des photographies et le jeu subtil de la mémoire et de l'oubli. En France, Duras a résidé en trois endroits : l'appartement de la rue Saint-Benoît à Paris — qui fut longtemps un haut lieu d'accueil et de fraternité —, la maison de Neauphle-le-Château — séjour baigné d'ombres et de lumières réverbérées par le parc, les arbres, et les eaux d'un étang —, et enfin l'appartement dans l'hôtel des Roches noires, à Trouville — celui-là même que Proust a immortalisé dans* La Recherche du temps perdu *sous le nom de Grand Hôtel de Balbec. Photos d'Alain Guillon. 152 pages.* ISBN : 2-86808-117-7.   110 FF

Sylvie Germain   BOHUSLAV REYNEK

Un nomade en sa demeure (à Petrkov). *Bohuslav Reynek, né et mort à Petrkov (1892-1971), un hameau situé dans les collines tchéco-moraves, appartient à cette race d'artistes dont l'œuvre élaborée dans la solitude, l'humilité et la passion, luit comme une admirable réponse à l'horizon de la question posée par Hölderlin : « ... et pourquoi des poètes en un temps d'indigence ? » Le séjour de Reynek en ce monde s'est déroulé en une époque de particulière et extrême indigence morale et spirituelle, mais lui défia cette misère et refusa de se soumettre à sa fadeur, ne cessant d'arpenter les sentiers délaissés par la plupart des hommes pour converser à mi-voix avec la nature et les esprits des lieux, car il resta toujours à l'écoute du « chant secret, très doux, où le ciel et la terre s'appellent et se répondent. » Photos de Tadeusz Kluba. 144 pages.* ISBN : 2-86808-114-2.   110 FF

Michel Le Bris   VICTOR HUGO

Arrivé en 1855 à Guernesey, Victor Hugo ne rentra en France qu'en 1870. C'est donc ici, en exil, que fut écrit l'essentiel de son œuvre — dont cette maison, fascinante, fait partie intégrante. Éliane Barrault et Michel Le Bris ont voulu saisir ici les jeux de la lumière, dans cette masse sombre, son ascension jusqu'au dernier étage, là-même où il écrivait, face à l'océan, et face à Dieu peut-être : lieu blanc, de vitres et de céramiques, dépouillé, austère, dressé sur cet entassement de ténèbres, ce chaos de signes, face à l'immensité, au vide. Photos d'Éliane Barrault.

CHEVÉ D'IMPRIMER
SUR LES PRESSES DES ÉDITIONS
LA SIMARRE À JOUÉ-LÈS-TOURS
LE VENDREDI 20 FÉVRIER 1998
JOUR DE LA SAINTE AIMÉE
EN CARACTÈRE PLANTIN
SUR PAPIER CENT TRENTE CINQ GRAMMES.